1퍼센트 성공의 법칙

1퍼센트 성공의 법칙

ⓒ손힘찬(오가타 마리토)

초판 1쇄   2023년 8월 2일

펴낸이   손힘찬
디자인   홍성권

펴낸곳   리미트리스
출판등록   2023년 7월 26일 제2023-000251호
이메일   syc1025@naver.com

ISBN 979-11-984096-0-7 03190

1퍼센트
성공의 법칙

손힘찬(오가타 마리토) 지음

영향력을 돈으로 바꾸는 방법,
상위 1%의 공통점과 통찰을 담았다

Limitless

프롤로그

나는 2017년부터 인스타그램을 운영하여 현재 34만 팔로워에 달성했다. 내 계정뿐만 아니라 다른 것까지 합치면 소셜미디어에 올린 카피라이팅은 최소 1만 개 넘는다. 감사하게도 지금까지도 많은 분들이 내 글을 읽고 위로와 동기 부여가 됐다는 말씀을 매일 남겨주신다. 내가 그동안 펼친 도서는 누적 판매 부수가 50만 부가 넘어갔고 출판사 사장직 맡아 경영을 맡아 그 외에 인스타그램, 책 쓰기 강의, 프리미엄 1:1 컨설팅, 온라인 마케팅 등 진행하며 소위 말하는 디지털 노마드의 삶을 살고 있다. 생계유지를 위해 급급히 사는 건 아니니 적어도 이전의 내 삶과 비교 하면 경제적 자유가 생겼다고 말해도 될 것이다. 내가 자유를 누릴 수 있고 인생의 주도권이 있다면 그걸로 감사한 일이고 그게 사업한 이유가 될 테니 말이다.

2021년에 출간한 『나는 나답게 살기로 했다』에서 자신의 트라우마를 딛고 일어서며 단절된 세상과 다시 연결되어 나답게 살아가라는 메시지를 전했다. 이번 책은 그 이후의 이야기다. 이 책에서는 자기 계발 실천 전략과 인문학 사고를 전수할 것이다. 말 그대로 상위 1%의 속내와 그들이 어떻게 마인드셋을 가지는지 지켜보며 당신에게 적용할 수 있도록 도울 것이다. 수많은 자기계발서가 있고 그들은 말한다. 알려주면 좀 하라고 말이다. 반은 맞지만 반은 틀리다 생각한다. 동기부여와 방법뿐만 아니라 아예 복잡하게 얽히고 생각 마저도 풀어가는 과정이 필요하다고 말이다. 개개인이 각자 처한 환경과 상황이 다르다. 돈 버는 방식도 다르다. 그렇기에 그 누구의 인사이트를 보더라도 내 것으로 만들고 체화體化하는 과정이 필요하다. 상위 1%의 생각, 그들의 성공 방식을 내 상황에 적절히 알맞게 적용하는 것. 그것이 내가 점진적으로 성장하고 또 복잡한 세상 속에서 살아 남는 길이 될 것이다.

워런 버핏은 일과 중에 가장 많이 하는 일은 읽는 것이다. 그는 버크셔 해서웨이를 운영하면서 밀려드는 수많은 정보를 어떻게 효과적으로 처리하고 익히는지 질문 받았다. 이에 답하기를 하루 5~6시간을 오로지 읽고 또 읽는다고 한다. 일간지, 다양한 잡지, 투자 공시, 연간 보고서, 문서, 유명한 인물의 자서전 읽기를 즐긴다고 말했다. 여기서 흥미로운 점은 그는 70여 명의 CEO가 33만 명의 직원을 관리하는데 그 70명에게만 제대로 메시지를 전달한다. 2년마다 한 장 반 분량의 편지를 남기는데 그 이유는 200페이지 분량의 매뉴얼을 내놓으면 혼란만 가중되기 때문이다. 간결하고 명확한 편지로 오해의 소지를 없애는 것이다. 그가 이토록 읽기를 강조하는 이유는 세상에 수많은 소음 속에서도 항상 본질을 관통하는 생각을 하기 위함이다. 무엇이 중요하고 덜 중요한지 과감히 선택하려 매일 고민하는 것이다.

통찰력이란 하루아침에 얻을 수 있는 마법이 아니다. 내가 학습할 수 있는 인간이라면 뛰어난 재능을 요구하지 않고 숨겨진 엄청난 비밀이랄 것도 없다. 필요한 객관적인 정보를 모아라. 그 다음에 잠시 눈을 감아 생각하고 결정 내린 뒤 시행착오 끝에서 그 선택이 옳았는지 확인하면 된다. 고민이 길어지는 순간 시간 잃는 것이고 점점 속도는 무뎌진다. 의사결정을 합리적으로 하는 일이 굉장히 어려운데, 세계적인 대가들은 옳은 판단을 하기 위해 끊임없이 읽고 썼다.

지금 우리가 사는 세상은 정보 과부하 시대다. 온라인 속에 들어가면 뜨는 알고리즘 추천 콘텐츠의 홍수속에서 더 헤어 나오지 못하게 설계되었다. 우린 그것에 자연스럽게 길 들여진 상태다. 이 혼돈 속에서 오픈 AIopen AI 챗GPT가 출시되어 빅테크를 포함한 여러 기업에서는 잇따라서 오픈소스를 무상으로 공개하여 인류의 발전에 박차를 가했다. 하지만 그것이 어떻다는 것인가? 나는 인공지능 학자도 아니고 개발자도 아니다. 책 몇 권 쓴 작가에 불과하다. 그렇지만 이 기술이 지닌 중요성은 이해하고 있다. 왜냐하면, 이것은 경제, 문명, 과학, 인문학, 형이상학, 이념 등이 서로 중첩되고 상호작용하는 우리의 '현실'을 변화시키는 힘이기 때문이다.

변화의 중심에서 손을 놓고 비껴가는 것은 더 위험하다. 복잡한 것들이 이 세상을 형성하고 있는 것 같지만 결국 핵심에는 인간이 존재한다. 세상은 사람이 존재하기 때문에 의미가 있다. 우리가 경험하고 이해하며, 그 경험과 이해를 바탕으로 현실을 구성하고 재구성하는 것이 바로 인간이다. 이는 당신의 존재가 단순히 세상에 살아가는 데 필요한 도구를 넘어, 존재 그 자체가 세상을 형성하고 있는 근본적인 힘임을 말해준다. 결국 인간이 문명을 이룩했고 그 문명 위에 온갖 개념들이 생겨났을 뿐이다. 세상이 존재하기에 사람이 존재하는 것이 아니라, 사람이 존재하기에 세상이 존재하는 것이다.

이렇게 볼 때, 우리의 선택이 얼마나 중요한지를 깨달을 수 있다. 인생은 내가 선택하는 것이고 선택당하는 게 아니다. 누군가의 말 한마디가 구원의 손길이 될 수 있어도 중요한 순간에 결정을 내릴 때 타인의 말에 휘둘려서 결정되면 안 된다는 것이다. 철저히 당신의 생각에 따라야 한다. 내가 바라는 성공, 목표, 중요하게 생각하는 것을 성취하는데 매우 오랜 시간이 걸리기 때문이다. 따라서, 당신의 선택은 인간의 존재가 세상을 형성하고 있는 근본적인 힘과 결합할 때, 가치를 발휘할 것이다. 그래서 우리는 올바른 판단과 선택을 하며, 세상이란 무대에서 최선을 다해야 한다.

책의 구성을 간단히 설명하려 한다. 1장은 읽고 나면 당신은 '오 뭐야, 별 거 없네? 나도 할 수 있겠는데!'라는 자신감을 얻을 수 있다. 큰 성과를 내는데 있어 동기와 용기는 굉장히 중요하다. 이것이 있고 없고에 따라 승패가 갈라지기 때문이다. 2장은 당신의 환경에 대해 되돌아보게 될 것이다. 노력, 의지에 대해 난 맹신하지 않는다. 인간의 마음은 너무나도 유동적이기 때문에 주변 환경의 영향을 크게 받는다. 3장은 상위 1%의 공통적인 사고방식과 영향력을 기르는 법에 대해 본격적으로 이야기한다. 여기서 당신은 본질을 파악하는 능력과 영향력이 어떻게 키워지는지 기초 지식을 얻게 된다. 4장은 영향력을 돈으로 바꾸기 위한 마인드셋과 필요한 방법론에 대해 배운다. 여기서부터 능력을 당신의 것으로 체화하지 않으면 얻을 수 있는 건 글에 대한 감상일 것이다. 5장은 나의 영향력을 어떻게 돈으로 바꿀 것인가에 대한 방법과 전략이 담겨있다. 참고로 5장은 이 책을 리뉴얼하고 추가 된 수록본이다. 분량도 꽤 된다. 이미 준비가됐다 싶은 분은 3장부터 읽기 시작해도 무관하다.

이 책이 재탄생 될 수 있도록 도와주신 출판사 대표님과 관계자분, 추천사를 써준 자청님에게 감사한다. 그는 1년에 50만 부 판매를 돌파한『역행자』의 저자이다. '무자본 창업'이라는 개념을 대중에게 알렸고 많은 사람이 경제적 자유를 얻을 수 있도록 크게 기여했다. 세상을 최적화 시켰다고 말해도 절대 과장은 아닐 것이다. 그의 등장 이후로 비슷한 채널이 늘어났으니 압도적인 영향을 준 인물임은 틀림없다. 그의 필체는『비상식적 성공 법칙』의 간다 마사노리를 연상케 할 정도로 사람의 마음을 움직이는 글 쓰는 능력이 탁월하다. 『역행자』는 나 역시 강력 추천하는 책이니 꼭 읽어보기를 바란다. 인생이 바뀔 것이라 자부한다. 마지막으로 이 책을 펼치고 읽어주시는 독자님에게 감사의 말씀을 전한다. 여러분의 성공을 넘어 세상을 더욱 풍요롭게 바라보는 통찰을 기르는 데 있어 도움이 되길 진심으로 바란다.

차례

CHAPTER 4

**이제 당신이
날아오를
시간**

CHAPTER 1

평균,
또는 평균 이하

가난한 행복은 없다

나를 처음 보는 사람들은 내 성과나 성격만을 보고 내가 부유한 집안에서 자랐거나 사랑을 많이 받고 자랐을 거라 생각하곤 한다. 하지만 모르는 소리. 가정환경도 지능을 비롯한 여러 조건들도 모두 확실히 평균 이하로 주어진 삶이었다. 누군가는 내가 이런 이야기를 꺼내기 시작하면 이렇게 생각할 수도 있겠다.

"이 사람은 지금부터 돈 이야기만 질리도록 하겠구나!"
"잘 된 사람들이 늘 말하는 것처럼 '열악한 환경에서 꽃이 피었습니다'와 같이 클리셰 가득한 이야기를 하겠구나!"

나도 굳이 부정할 생각은 없다. 내가 사업을 시작하고 인스타그램에 글을 게시하고, 베스트셀러 작가가 되기 위해 한 노력들에 돈에 대한 욕망이 없었다고 하면 그건 100% 거짓이다. 내가 물려받은 건 정신적, 물질적 가난이 전부였다. 성인이 됐을 무렵에는 스스로 자립하여 성과 중심의 자본주의 사회에서 살아남아야만 했기에 미친 듯이 악착같이 살 수밖에 없었다.

　　물론 지금의 나도 스스로를 부자라고 칭하기엔 한없이 부족하다. 압도적인 부자, 매달 1억씩 통장에 들어오는 사람, 소위 말하는 한강 뷰의 집에서 사는 인간은 여전히 아니다. 이제야 그럭저럭, 내 가족과 사랑하는 사람들을 책임질 수 있을 정도로만 벌게 됐을 뿐이다. 그러니 당연히 아직은 '사회에 이로운 영향을 주겠다'와 같은 거대한 신념 같은 건 없다. 그저 가장 먼저 나부터 지긋지긋한 생계의 늪에서 구해내고 망하더라도 다시 일어날 수 있는 자생력을 갖춘 다음, 내 사람들을 지킬 수 있는 힘을 충분히 갖추기 시작한 것이다. 내 관심사는 여전히 자신의 행복과 사랑하는 사람들의 행복에 있다.

　　나는 그저 '평균 이하의 인간이었던 나도 해낼 수 있었다'

는 이야기를 하고 있는 것이다. 대한민국에 사는 사람 중에 돈을 10만 원이라도 더 벌고, 몸값을 높이고, 행복해지고 싶고, SNS를 잘하고 싶어하지 않는 사람은 없으리라 생각한다. 그래서 나는, 지금까지 치유와 극복, 위로의 메시지만을 전해왔다면, 이제는 인생 막장에서 그다지 똑똑하지도 않았던 인간이 어떻게 오늘 날의 내가 될 수 있었는지에 대해 말해보고자 한다.

돈이 행복의 대부분을 이룬다

가장 먼저는 단절된 세상과 연결되어야 했다. 뜬금없이 무슨 말인가 싶을 것이다. 내게 단절된 세상과 연결된다는 건, 간단하게 설명하자면 사람, 삶, 사랑으로부터 받은 상처, 더 심한 경우 한 인간의 인생에 트라우마로 남겨져 버린 것들을 극복하는 과정이었다.

여러 상처를 받으며 자라왔다. 일본인 아버지와 한국인 어머니 사이에서 태어났다. 그다지 가정에 충실하지 않은 아버지를 만난 탓에 어머니는 늘 혼자 고생했다. 홀로 있는 아들만을 물끄러미 바라보며, 20대 중반이었던 어머니는 낯선 나라 일본에서 생계를 책임지기 위해 밤낮으로 일을 해야만 했다. '부모'란 아버지와 어머니를 아울러 이르는 말인 건데, 어머니는 혼자서 부모의 역할을 모두 해내야 했다. 그러다 보니 어린 나를 정서적으로 잘 보살피지는 못하셨다. 어쩌면 당연한 일이었다. 하지만 그 동안 내 안에서 쌓인 외로움과 공허함은 커져만 갔고, 잦은 이사를 겪고 고향인 한국에 다시 돌아왔을 때는 학교에서 이방인 취급을 당할 수밖에 없었다. 가난한 집은 콤플렉스가 됐고 같은 옷을 여러 번 입으니 밖에서는 눈치만 보였다. 공부 따위는 당연히 눈에 들어오지도 않았다. 현실이 너무 힘들어 온라인 게임을 도피처로 삼아서 도망만 쳤다. 만화 속 주인공에게 자신을 대입할 정도로 위로가 필요했다. 건강한 정서와 세계관을 만들기에도 부족한 십 대에, 내 머릿속은 이미 가난, 폭력, 차별, 따돌림 등으로 인해 무너지고 박살 나 있었다. 자아라는 것이 거의 없었던 것이다.

앉기만 해도 공간이 꽉 차 보이는 좁은 집. 겨울이면 따뜻한 물을 쓰지 못하고 비가 쏟아지면 실내도 고스란히 비의 영향을 받았던 집. 화장실 세면대 밑은 뻥 뚫려서 양말 신고 손 씻으면 양말이 그대로 홀딱 젖었던 집에 살았다. 그나마 있던 학교 친구들과 피시방에 가고 싶어서 교통비로 써야하는 마이비 카드(교통카드)는 편의점에서 현금으로 환불을 받아 다 써버렸는데, 그 벌로 왕복 1시간 걸리는 거리를 매일 걸어서 등교했었다. 머리도 좋지 않아 성적은 말할 것도 없이 바닥이었다. 지금 생각해보면 개천에서 용이 난 꼴이라 생각될 정도로 내 불행은 나열하면 끝이 없을 정도로 많기만 했다. 그러니 어쩌면 전작『오늘은 이만 좀 쉴게요』,『나는 나답게 살기로 했다』와 같은 책들은 내가 살기 위해서 쓴 글, 동시에 내 과거가 고스란히 담겨있는, 나 자신을 구하기 위해 몸부림 쳤던 결과물이지 않았나 싶다. 대중적인 메시지 안에 항상 내 이야기를 녹여서 전하는 것이 기본이었고 또 완전히 독자를 위한 쓴 글도 적지 않았다. 내가 목말라 했던 건 돈도 돈이었지만, 사회에서 소외됐던 나라는 한 인간이 특별한 존재까지는 아니더라도 그저 무리속에서 소속감을 느끼게 되는, 그 작지만 큰 변화였다. 그리고 그 안에서 내가 할 수 있는 역할을 찾아서 자아실현을 이루는 일이었다. 매슬로우의 욕구 5단계에서 말하는 생리적, 안전, 애정과 소속감, 존경, 자아실현의 욕구들을 이루고 싶었던 것이다. 지극히 평범한 삶을 누리고 싶은 마음, 불행의 굴레를 내 선에서 끊어버리고 먼 훗날에 태어날 내 자녀에게 행복을 물려주고 싶은 마음뿐이었다.

작가가 되기 위해 야간 편의점 아르바이트 하며 글을 썼던 시절에는 폐기 음식을 먹으며 지냈다. 그게 불만이었다는 건 아니다. 그저 늘 맛있는 밥 한끼를 든든하게 먹고 싶다는 마음이 있었다. 어릴 때 어쩌다 나가서 맛있는 밥을 먹었을 때도 그랬지만, 난 식당을 나설 때 걱정 없이 계산할 수 있는 사람이 되는 걸 항상 꿈꿨다. 엄마가 돈 필요할 때 용돈 줄 수 있는 것. 내가 사랑하는 사람이 아플 때 금전적인 건 문제가 되지 않는 것. 어쩌면 누군가에게는 당연할 수 있는 이런 환경이나 능력을 갖추는 일. 그것이 내가 성공하고자 마음먹은 계기였다.

이것들을 가능하게 하려면 뒷걸음질쳐서는 안 됐다. 아주 느리더라도, 가끔 한 번씩 도망가고 싶고 숨고 싶은 순간이 오더라도, 다시 일어서서 앞으로 나아가야만 했다. 돈이 행복의 전부는 아니지만 대부분이 될 수는 있다는 말처럼. 작은 행복과 작은 만족은 그것만 가질 수 있는 게 아닌 그것도 가질 수 있는 여유에서 나온다는 어느 작가의 말처럼. 내가 원하는 건 누릴 수 있는 건 누리며 사는 삶, 내가 못하는 게 아니라 선택해서 안 할 수 있는 수준의 여유를 가지는 일이었다. 말 그대로 생을 유지할 적당한 부를 얻고 싶었다.

내게 있어 성공이란 사회에서 말하는 그것과는 거리가 있는 것도 있지만, 분명한 교집합도 존재한다. 돈 때문에 불행하고 싶지 않고, 돈 때문에 분노가 생기고 싶지도 않고, 누군가를 원망하는 일도 없었으면 한다.

그렇게 나는, 나의 마음의 평화를 위해, 악착같이 일하며 돈을 벌기로 결심했다.

나만의 샛길을 찾다

운전면허를 따기 위해 필기시험을 봤을 때다. 시험 결과는 55점. 불합격이었다. 그날 저녁 술약속에 나가 친한 형에게 이 얘기를 하니 돌아온 대답이 다음과 같았다.

"힘찬아, 난 네가 글 잘 쓰고 콘텐츠 잘 만드니까 똑똑한 줄 알았는데⋯ 네가 저번에 아이큐가 낮다고 얘기했던 이유를 이제야 알 것 같다."

나는 형에게 다시 이렇게 말했다.

"맞아 형, 나 별로 안 똑똑해. 그냥 오랫동안 고민할 뿐이야."

맨 처음 종합심리 검사를 했을 때 IQ부분에서 67이라는 수치가 나왔다. 물론, 아이큐가 전부는 아니라고 생각하지만, 충격적인 수치였음에는 틀림없었다. 지금이야 28만 팔로워를 지닌 메가 인플루언서라고 불리기도 하고 사업가와 콘텐츠 디렉터, 작가로서도 활동하기에 감성지능만큼은 뛰어나다고 생각할 수 있게 됐지만, 이런 잠재력을 찾기 전까지는 정말이지 수많은 시행착오가 있었다.

생애 처음으로 성공을 향해 발돋움했던 것은 도서관에 가서 자기계발 책을 조금씩 읽기 시작하면서부터였다. 사실 읽어도 이해되지 않는 내용이 더 많았지만, 그건 이미 사회적으로 지정받은 기초생활수급자라는 계급에 있던 내게 한 가닥 실낱 같은 동아줄이었다. 그런 일이라도 하지 않으면 진작 미쳐버렸을지도 모른다. 지금 생각해보면 당시의 내게 성공을 향한 집념이란 광기에 가까웠다. 아무것도 하지 않고 있다 보면, 금세 우울의 심연에 가라앉아, 스스로를 명청한 인간이라 하대하며 평생을 푸념하며 살게 될 것이라고 생각하곤 했다.

다음으로는 그렇게 읽고 나름대로 내 것으로 소화해낸

지식들을 실제로 직접 사용해보고 싶어졌다. 사람들의 성공담과 노하우는 이제 충분히 알겠으니, 소박할지라도 나만의 성과와 업적들을 늘려가보고 싶었다. 성공을 향한 집념과 단절되어 있었던 세상과 다시 이어지고자 했던 욕망은 그렇게 자연스레 나를 SNS의 세계로 이끌었다. 나와 가장 잘 어울리는 것 같으면서도 대중적인 플랫폼이었던 인스타그램을 시작하게 된 것이다.

처음엔 모든 게 낯설었다. 피드와 탐색 탭, 다이렉트 메시지는 무엇이며, 그것들의 활용법 같은 것들을 알려주는 사람이 아무도 없었다. 하지만 생각만 너무 많아지다 보면 복잡해질 수 있으니 일단 뭐든 시작하고 봤다. 결과가 기대만큼 나오지 않더라도 전두엽에는 경험이라는 이름으로 나름의 데이터 베이스가 쌓이니 다행이었다.

"이런 말을 하거나 이런 게시물을 올렸을 때 사람들은 이런 반응을 하는구나."
"이 타이밍에 이렇게 행동하면 안 되는구나."
"이 시간대에는 사람들의 이목을 끌기 어렵구나."
그렇게 일상생활과 인스타그램 활동을 하면서 도움이

될 만한 이성적 의사판단 능력이 갖춰지기 시작한 것이다. 그 과정을 계속 반복하다 보니, 나는 그리 똑똑하지는 않았더라도 삶을 진취적으로 대하기 시작했다. 또한 내가 원하는 일을 이루고자 할 때 능동적으로 움직일 수 있게 됐다. 그렇게 하나씩 쌓아온 데이터 베이스는 나의 미래를 예술가의 길로 인도했다. 적어도 글쓰기라는 분야에서만큼은 천재가 되고 싶다는 꿈을 꾸기 시작했다. 대학교에 가서도 사람들과 어울리지 않고 얼굴 한 번 보지 못한 작가의 책을 붙들고 읽고 또 썼다. 성적은 좋지 않아 국가장학금을 놓칠 뻔한 적도 많았지만, 또 남들이 흔히 가는 길도 아니었기에 두려움과 공포도 있었지만, 그래도 역시 그보다는 글쓰기를 향한 절실함이 훨씬 더 컸다. 남들 자는 시간에 일하며 책 쓰는 것에 도전하고 강남까지 가서 세미나를 듣기도 했다. 평균 이하의 출생, 평균 이하의 생활, 아무 소질도 지니지 않은 평균 이하의 사람. 오직 노력만으로 한계를 뚫기 위해 살았다. 그러다 보니 이십 대 초중반에 딱히 놀았던 추억이 없다. 인간의 잠재력에 제한이 걸려있다는 사실을 인정해버리고 나면, 내 존재를 부정당하게 될 것만 같았다. 사회에서 말하는 기준에 부합하지 못하는 사람이 되면, 그땐 정말로 내가 설 수 있는 자리가 사라져버리고 말 것만 같아 두려웠다.

그래서 일종의 장인정신을 가지고 한 우물을 판 것이다. 논리적 글쓰기는 훈련하면 실력이 월등하게 늘 수 있다. 다만 감성적 글쓰기는 감을 터득해야 하기 때문에 더 시간이 걸리고, 어떤 사람은 그 감을 잡기가 대단히 힘들 수 있다. 하지만 그동안 살면서 직접 겪은 희로애락과 사람들이 고민하는 문제점을 제시하는 글을 자주 접했고, 주변 사람의 고민을 들어주며 나름의 해결책을 주고받다 보니 어느 정도는 독보적인 감성을 손에 넣을 수 있었다. 그렇게 만들어낸 생활이다. 비록 평균 이하의 삶에서 시작했지만, 비교적 젊은 나이에 출판사 사장을 하며 작가 생활을 하는 자리에까지 올 수 있었다.

생각해보면 난 세상에서 하라는 일을 하지 않고, 늘 샛길로만 다니곤 했었다. 하지만 그 길을 어느정도 걷다 보면, 그저 특이하기만 했던 나를 누군가는 찾아주기 시작하는 신기한 경험을 역시 늘 하곤 했다. 그리고 나는 이 글을 읽는 당신 역시 모두가 걷는 안전하고도 검증된 길을 걷는 것도 좋지만, 때로는 나만이 걸을 수 있고 여러 가능성이 넘치는 길, 생각하는 것만으로도 나를 설레게 하는 길이 있는지를 뒤돌아보기를 바란다. 사람들이 말하는 뻔하디뻔한 방법과 길보다 훨씬 더 즉각적이고 확실한 성공을 이뤄낼지도 모르는 일이니 말이다.

돈버는 콘텐츠 크리에이터

자주 장래가 불확실하다는 인식의 대상이 되고 남들 보기에 변변치 않을 수도 있는 작가라는 직업을 가진다는 건, 내 인생에 있어서 큰 도박과도 같은 것이었다. 부모님의 이혼을 겪어야 했고 청소년기와 청년기에 걸쳐 오랫동안 기초생활 수급자 신세로 지내야만 했다. 압도적으로 타고난 재능이 있다거나 어릴 적부터 수준 높은 교육을 꾸준히 받은 것도 아니었다. 현실을 직면하지 못해 온라인 세상을 도피처로 삼아왔고 어떤 문제를 제대로 마주하여 해결할 수 있을 정도의 강인한 정신도 없었다.

겨우 나 한 사람의 생계를 책임지는 것조차 제대로 해내지 못했던 삶이었는데. 그런데도 내가 그 삶 속에서 작가가 되고 싶었던 이유는 무엇이었을까. 간단히 말하자면 그거였다. 나는 자기계발을 통해 자신의 가치를 발견하고 이를 높이는 법을 알고 있었고, 그것을 글로 쓰는 것이 평균 이하의 삶을 살던 내게 비추어진 한 줄기의 빛과 같은 일이라고 생각했었다.

맨 처음에는 자기계발서 위주로만 읽어댔다. 그건 상위 계층으로 올라가고자 하는, 안정적인 결혼과 성공을 향한 어린 나의 집념이었다. 남자 승무원이라는 안정적인 직업을 택하기 위해 서비스 관련 학과에도 진학했지만, 적성이 맞지 않는다는 생각에 겉돌기 시작했다. 주변 사람이 보기에는 은둔 생활이라도 하는 것처럼 보였을 것이다. 평생 읽지 않았던 책을 한 권씩 펼치며 읽어갔고 그 흔한 SNS도 하지 않았다. 주변 사람들은 안정적인 길을 걷기 위해 자격증 공부를 하고 학업에 매진하며 쉴 때 쉬고 놀 때 노는 그 일상이 내게는 당연한 것이 아니었으니 말이다. 다들 친구들과 SNS에 추억을 남기며 지내는 시기에 난 무리에서 이탈한 양마냥 평범하지 않은 길을 걷기 시작했다.

그때 내가 할 수 있는 일은, 그저 불확실한 미래를 걸고, 불안정한 만큼 확신과 구체적인 전략을 짜는 일이었다. 이를 위해서는 '작가'로서 잘 된 케이스가 무엇이 있는지 그 사례를 찾아볼 필요가 있었다. 먼저 찾아본 예시는『아프니까 청춘이다』를 쓴 김난도 교수의 위로 에세이였다. 100만 부가 넘는 판매 부수를 기록했다고 했다.『미움 받을 용기』역시 100만부 이상 판매된 베스트셀러였다. 하지만 난 이것들을 쓴 사람들처럼 유명한 사람이 아니었고, 전문 지식은 물론 글쓰기 실력도 갖춘 상태가 아니었기에 그 모델들을 내게 적용하기는 어려웠다.

나는 SNS 팔로워수를 꽤 갖춘 소위 말하는 '스타 작가'라는 개념에서 힌트를 얻었다. "페이스북 ○○○만 팔로워 ○○작가의 신작!"이라는 키워드가 카피라이팅 부제로 적힌 에세이들이 서점에서 심심치 않게 보이기 시작했고 이들은 대부분 전문 지식을 갖춘 교수도 아니고 문학 글쓰기에 잔뼈가 굵은 사람도 아니었다. 그저 자신이 쓴 글이 소셜미디어 속 알고리즘을 통해 주목받으면서(결국 대중의 선택을 받았다는 말이다) 많은 대중에게 노출되면서 인지도를 얻기 시작한 것이었다.

이런 것이라면 나도 충분히 해볼 수 있겠다는 생각이 들었다. 문제는 그때가 2016년도였기 때문에 나 역시 SNS에 대한 이해도가 아예 없었을 뿐더러 개인적인 일상을 열심히 올리는 것도 아니었다는 점이었다. 돌파구를 찾았다 할지라도 가진 돈도 없고 방법도 없는 내게 할 수 있는 것이라곤 경험을 쌓고 내가 바라본 그림을 현실로 만들기 위한 실력을 갖추는 일이 우선이었다. 자연스레 소셜미디어에 관심 갖게 된 것도 당시 재직하던 회사의 영향이 컸다. 그때 나는 업체 인스타그램 계정을 키우는 일을 담당했었는데, 그것에 관해 누구도 알려주지 않았을 뿐더러 회원가입을 하는 방법까지 몰랐다. 그래서 게시글 하나를 올리기 위해 전전긍긍했던 게 기억이 난다. 야근을 자발적으로 했지만 월급 100만원도 안 됐을 때도 역시 배움은 값지다 생각하며 작가의 꿈을 이루기 위해 밤낮으로 글을 썼다. 그렇게 나는 회사 내에서 마케팅 능력을 스스로 터득해 나가기 시작했다.

그렇다고 모든 일이 순조롭게 잘 풀린 건 아니었다. 블로그, 브런치에 글을 써서 꾸준히 게시했지만, 나이가 어린 탓인지 통찰력이 부족한 탓인지 이를 원고로 만들어서 책으로 출간하기에는 너무 부족하다는 판단만 섰다. 지금에 와서야 첫 자기계발서를 출간하게 됐지만, 그땐 스스로의 한계치를 알았기 때문에 압도적인 인사이트를 전달하지 않아도 되는 짧지만 울림이 있는 글 위주로 써서 게시하기 시작했다. 이게 가능했던 것도 역시나 회사 인스타그램 계정 팔로워를 혼자서 8,000명까지 만들어낸 성과가 기반이 됐기 때문이다. 그렇게 나는 차츰차츰 리스크가 없으면서도 무명인 내가 사람들에게 나라는 존재를 알리면서 글을 써서 먹고 살 수 있는 방법이 소셜미디어 속에 있다는 사실을 알게 됐다. 지금이야 사람들의 머릿속에 무자본 창업, 경제적 자유, 소셜미디어와 같은 말들이 충분히 각인이 되어있겠지만, 그땐 인스타그램에서 글 쓰는 작가, 즉 텍스트 기반 콘텐츠 크리에이터들이 몇 없었다. 그러니까 그 시절에 이 분야에 뛰어들었던 건, 어떻게 보면 시간도 돈도 지능도 그리 뛰어나지 않았던 내게 시도 자체가 리스크였던 건지도 모른다.

그런 내게 확신을 준 건 다른 누구도 아닌 나 자신이었다. 하고 싶은 일을 애정 있게 하면서도 이를 콘텐츠로 사람들에게 알려 나의 상품 가치를 올릴 수 있겠다는 믿음이 있었다. 그리고 나는 그 믿음을 시대의 흐름 속에서 얻을 수 있었다. 『작가를 위한 집필 안내서』의 저자 정혜윤은 작가란 오래전부터 콘텐츠 크리에이터였다고 말한다. 그 방식이 영상이 아닌 글로써 콘텐츠를 창작해냈을 뿐이라는 것이다. 예전도 그렇고 앞으로도 그렇고 작가, 글 쓰는 콘텐츠 크리에이터는 살아남을 수밖에 없고 기회는 점차 늘어날 것이라 믿는다. 단지 정확한 목표와 이를 달성하기 위한 수단, 이를 꾸준히 할 수 있냐 없냐의 여부에 따라 성공과 실패가 갈린다고 본다.

조급해하지 말자. 내가 매달 3,000만 명이 넘는 사람들에게 콘텐츠를 노출할 수 있었던 건, 손에 아무것도 쥐어진 게 없었던 때부터 매일 하루하루 치열하게 콘텐츠를 만들며 이를 5년 이상 지속한 결과값이다. 천천히 빨리, 빠르게 움직이되 조급하지 말자. 모든 결과는 하루 아침에 나오지 않는다. 그리고 모든 시행착오, 그것이 실패든 성공이든 성취든 좌절이든 간에 모두 내가 바라는 목표에 다가가기 위한 확실한 발걸음이라는 것을 잊지 말자.

학습 가능한 인간이 되어라

학습에 있어서 속도는 사실 그렇게 커다란 문제가 되지 않는다. 오히려 '학습이 되느냐 안 되느냐'가 더더욱 중요한 문제로 다뤄져야 한다. 속도보다 방향이 중요하다는 말처럼, 내가 무엇을 알고 있고 또 모르고 있는지에 관해서 생각하는 게 중요하다. 이를 설명하기 위해서 우리는 먼저 메타인지라는 말을 알아두고 갈 필요가 있겠다. 메타인지란 내가 무엇을 알고 모르는지에 대해 아는 것에서부터 시작해 자신이 모르는 부분을 보완하기 위한 계획과 그 계획의 실행과정을 평가하는 것에 이르는 모든 과정을 의미한다. 인지심리학자들이 좋아하는 말 중 다음과 같은 내용이 있다.

"세상에는 두 가지 종류의 지식이 있다. 첫 번째는 내가 알고 있다는 느낌은 있는데 설명할 수는 없는 지식이고 두 번째는 내가 알고 있다는 느낌뿐만 아니라 남들에게 설명할 수도 있는 지식이다."

여기서 말하는 설명은 예시를 들어가면서 상대를 이해시킬 수 있는 단계까지를 말한다. '카더라' 식으로 전달하는 게 아니라 상대방이 잘 알 수 있도록 갖은 방법을 써서 이해를 돕는 것이 '설명'이라는 말의 참뜻이기 때문이다. 그렇다면 지금 설명하는 것을 잘하는 강사가 되라는 말을 하고 있는 것일까? 그렇게까지 할 필요도 없다. 적어도 당신이 알고 있는 것을 상대에게도 정확하게 전달할 줄 알게 되는 것이 진짜 아는 것의 첫걸음이라 말할 수 있는 것이다. 정말 당연한 말이고 간단한 내용이지만, 우리가 놓치고 있는 가장 중요한 것 중 하나라고 할 수 있다. 두 개의 발화를 예로 들어 보자.

"나 오늘 회사에서 과장님한테 혼났는데, 막 나한테 뭐라 하고 너무 스트레스받아서 힘들었거든? 난 열심히 하는데 왜 유독 나한테만 그러는지 모르겠어. 이해를 할 수가 없네.

그래서 나 오늘 늦게 퇴근했잖아."

"나 오늘 직장에서 과장님한테 혼났어. 굉장히 황당한 일이었어. 본인이 까먹고 나한테 업무 사항 전달 안 해놓고, 괜히 나중에 일 안 했냐고 나한테 책임을 떠넘겼던 거야. 난 늘 업무 보고도 매일 하고 동료들이랑 소통하면서 실무에서 문제 생기지 않게 꼼꼼히 움직이잖아. 정말 나로서는 이해할 수가 없더라. 그래서 과장님이 까먹고 전달 안 해놓은 업무 처리하느라 오늘 밤 10시까지 야근했잖아."

어떤가? 아주 일상적인 대화지만 이러한 대화에서도 차이를 느낄 수 있을 것이다. 친구끼리 대화하다 보면 사실 어느 쪽으로 이야기하든 간에 의사소통하는 데는 문제가 없다. 방금 대화를 들은 친구를 가상으로 만들어서 이입해보면 '아, 얘 직장 상사가 또 엄한데다 화풀이했나 보네'라는 생각을 할 수 있을 것이다. 친구 관계에선 보통 당사자의 환경에 대한 이해와 배경지식이 충분히 있기 때문이다. 하지만 만약 그 배경지식이 없는 상태라면 어떻게 될까? 구체적으로 무엇 때문에 왜 혼났고 늦게까지 일했는지를 이해하지 못하고 대충 넘어가게 될 것이다. 하지만 두 번째 발화와 같이 충분히 설명하는 습관을 들이면 친구와의 대화는 물론 연인 또는 배우자와의 대화, 부모 또는 자녀와의 대화, 나아가 업무 상황에서도 오해와 답답함 없이 의사소통할 수 있게 된다.

물론 해야 할 일도 많고 바빠 죽겠는데 말 하나하나를 전부 곱씹으며 생각하는 일은 여간 귀찮은 일이 아닐 수도 있다. 하지만 그러한 나태함을 깨고 내가 처한 상황, 환경, 심리 등 전반적인 면을 스스로 이해하고 경험을 예시로 들어가며 설명하는 습관을 만들어가기 시작하면, 당신의 메타인지 능력은 향상될 수밖에 없다. 내가 무엇을 알고 무엇을 모르는지를 안다는 것, 예시를 들어가며 구체적으로 설명할 수 있다는 것, 제대로 된 인지란 그런 것을 말한다. 만약 그렇지 않다면 그건 알고 있다고 착각하는 것에 불과할 것이다.

감사하게도 이런저런 기관에서 강연할 기회가 있곤 한다. 그리고 그때마다 내가 자주 쓰는 말이 있다. '행동을 반복하며 구사하는 단계에 들어서기 위해 노력하세요. 그다음 궁구하여 완전히 나의 것으로 체화하세요.'라는 식의 말이었다. 궁구하다, 많은 이에게 낯선 말일 수도 있겠지만 나는 이 말을 참 좋아한다. '속속들이 파고들어 깊게 연구하다'라는 뜻을 지닌 말 한마디가, 언제 들여다보고 발음해보아도 선생님처럼 배울 점이 많다고 여겨지기 때문이다.

선천적으로 똑똑하기 때문에 가능했던 일들이 아니었다. 오히려 자존감은 바닥을 쳤고 트라우마와 콤플렉스 덩어리였던 내가 학습이 가능한 사람이 됐던 건, 내 감정에 관해 설명하고 느낀 점을 말해보고 그것들을 글로 풀어쓰기 시작하며 천천히 해낼 수 있게 된 일이었다. 자신과 마주했던 대화들이 쌓여서 서서히 마음이 회복되기 시작한 것이다. 그러면서 만나게 된 사람들과의 유대관계 속에서 소속감을 느끼며 때론 깊게 사랑하며 자신을 알아가기도 하고 또 쓰라린 이별의 상처를 맛보며 상실감을 느껴보기도 했다. 그렇게 수많은 에피소드가 이어지거나 같은 나날이 반복되는 것을 아마도 우린 인생이라 부르는 건지도 모른다.

현실에서 우리에게 가장 익숙한 광경이 3차원적인 광경인 것처럼, 우리는 우리의 내면을 바라볼 때도 그를 입체적으로 바라봐야 한다. 사람과 사물의 생김새를 눈에 보이듯이 설명하는 것처럼, 내가 알고 있는 것 역시 여러 예시를 들어가며 상대에게 이해시켜야 한다. 모르는 것 역시 마찬가지다. 내가 아는 것이 전부가 아님을 인정하는 것에서부터 시작해야 한다.

처음에는 어려울 수도 있다. 괜찮다. 훈련하면 된다. 누구나 할 수 있다. 지능지수가 너무 낮게 나와서 충격받았던 내게, 한 정신과 의사 선생님이 'IQ 60 이상이면 그래도 누구나 학습은 가능하다'라고 말씀해 주셨던 것을 기억한다. 그러니 대부분의 평범한 사람은 모두 학습이 가능하다는 말이 될 것이다. 그저 훈련이 필요할 뿐이다. 내가 아는 것과 모르는 것을 파고드는 습관을 들이는 것이다. 궁리하는 것을 반복하여 궁구하는 단계에 들어서야 한다. 평범한 사람이 경지에 오르는 법은 이를 반복하는 길 말고는 없다. 그리고 그 과정의 끝에서는 드라마틱하게 성장한 비범하고도 찬란한 당신의 모습을 볼 수 있을 것이다. 이 말을 과거의 나에게, 그리고 '난 평범하니까 할 수 없다'라고 말하는 당신에게 해주고 싶다.

편의점 알바생이 인스타그램으로
매일 글을 3개씩 올린 이유

인스타그램에 글을 써서 올리기 시작한 건 좋았다. 하지만 나는 당장이라도 다니던 회사를 그만두고 싶었고(당시엔 지금보다 훨씬 더 은둔자 성향이 짙었기 때문에 사회생활이 너무나 힘들었다) 인플루언서 작가가 될 수 있는 방법을 알았으니 이를 실행하고 반복하는 일만 남은 상태였다. 조금 더 조용한 공간에서 혼자 일하고 싶었지만, 그렇다고 어딘가에 취직할 수 있을 만한 스펙과 경력은 없어 고민이었다. 그때 생각난 게 편의점 야간 아르바이트였다. 확실히 밤에는 낮보다 손님이 적었고 새벽에 글을 쓰면 핸드폰 알림이 집중을 해치거나 다른 누군가가 방해를 해올 일도 없겠다는 생각에서였다. 바로 편의점 아르바이트를 하기로 했고 야간 10시에 출근하고 아침 7시에 퇴근하는 주 5일 근무를 시작했다. 할 일을 모두 해놓고 손님이 오면 응대하고 그 외 자유시간에는 인스타그램 연재를 위한 글을 기획하고 글을 썼다.

뒷담화 대응하는 방법

손힘찬

@ogata_marito

좋아요 3,413 개
ogata_marito 반응이 좋았던 글
댓글 188개 모두 보기
2018년 2월 28일

내 콘텐츠에 별다른 특별함이 있는 건 아니었다. 제작 폼도 흰 배경에 검은 글씨를 넣는 게 끝이었다. 하지만 짧은 글이더라도 매일 하루에 3개씩은 꼭 발행했고 그 노력 덕에 현재 게시글 발행 수 5,000개를 넘기고 인스타그램 팔로워는 28만을 달성할 수 있었다.

5,600   **28.6만**   **656**
게시물   팔로워   팔로잉

손힘찬(오가타 마리토)
떠오름 출판사 사장

#저별은모두당신을위해빛나고있다 (2022)
#나는나답게살기로했다 (2021)
#오늘은이만좀쉴게요 (2018)
📖 책쓰기 강의 오픈했습니다 📖
fans.link/20402RpKl0o

2018년, 그때 내게 돈 버는 머리가 있었던 건 아니었다. 그래서 생계 유지를 위해 아르바이트와 직장을 다닐 수밖에 없는 상황이었다. 그럼에도 만약 내가 '돈'만 바라보며 인스타그램을 단순히 도구, 수단이라 생각하고 이용했다면 글 속에서의 내 진정성은 오늘날까지 지속될 수 없었을 것이다. 단군이래 가장 돈 벌기 쉬운 시대라는 말이 있다. 유튜브에 '돈 버는 법'이라고만 검색해도 무수히 많은 정보가 쏟아져 나온다. 시간을 조금만 투자하여 꾸준히 하면 부업으로 월 100만 원까지는 아니더라도 한 달 커피값은 무난하게 해결할 수 있는 방법들이 수두룩하다. 그런데도 내가 군이 대학교를 휴학하면서까지 회사에 다니며 실무 능력을 키우고 야간 편의점 아르바이트를 하며 글을 써서 발행한 이유는, 확신이 있음과 동시에 나태함도 있었기 때문이다. 내가 쓴 글만 봤을 때는 '되게 열심히 살았구나, 그러니 잘 됐지'라고 생각할 수도 있겠지만, 난 어떤 일을 추진할 때 완벽하게 계획을 세우는 사람이 아니었다. 베스트셀러 작가가 되고 차트 1위를 밥 먹듯 하겠다고 다짐한다거나 돈도 잘 벌고 유명한 인플루언서가 되겠다고 다짐한다고 해서 그것이 실제로 되리란 법은 없다. 내게는 낙천적 마음가짐만큼 장래에 대한 불안도 늘 있었기에 꽤 비판적인 관점도 공존했었다. 그렇기에 내게 내린 특단의 조치는 차라리 돈 벌 시간, 그것도 비는 시간에 콘텐츠를 만드는 일을 해버리자는 것이었다 (물론 이 방법을 모두에게 적용한다면 몇몇 사장님은 내게 항의의

메일을 보낼지도 모른다). 사람은 쉽게 바뀌지 않는다. 다짐한다고 해서 슈퍼 히어로처럼 변신하며 엄청난 능력이 생기는 것도 아니다. 그저 내 눈 앞에 주어진 현실은 일을 모두 해놓고 손님이 없을 때 콘텐츠를 만드는 일. 의도적으로 이런 환경들을 조성한 건 최소한의 나의 성향에 대한 메타인지는 되어있었기 때문이었다.

이 글을 읽는 독자분들에게 부탁하고 싶은 게 있다. 내 이야기를 보고 자극받는 것에서 멈춰 있지 말고, 자신의 입장, 환경, 성향 모두를 고려해서 무엇을 실행하고 어떻게 할 것인지에 대한 전반적인 생각 정리(그렇다고 빼곡하게 A4 용지 1장에 적을 필요 없다. 간단히 해보자)를 해보기 바란다.

"장인이 되는 것은 아주 간단하다. 자신이 좋아하는 일을 매일매일 꾸준히, 묵묵하게 하다보면 언젠가 나도 모르는 사이에 사람들이 나를 장인으로 불러 줄 것이다."

– 작자 미상

나의 가치관이 담긴 글을 드러내는 일. 사진 한 장에 나의 모습을 담거나 사물 및 풍경을 담는 일. 그 모든 행위의 결과는 1차원적으로 보이는 것에서 그치는 것이 아니다. '손힘찬'을 검색하여 보이는 정보는 보이는 것에서 그치겠지만, 그 이면에는 성실하면서도 게을렀던 한 사람이, 글을 좋아하지만 가난했기 때문에 돈 벌고자 발버둥쳤던 한 청년의 모습이, 감성적인 이야기를 전하지만 이성적 결단도 필요로 하는 비즈니스를 하는 한 사람의 모습이 있다. 자세히 들여다보면 그토록 다양한 페르소나를 찾아볼 수 있는 것이다.

당신도 마찬가지다. 자신을 그저 '평범하다'라는 말로만 정의 내리며 자신의 한계를 정하고 있다면, 과연 그 기준은 어디에서 오는 것이며 누가 정하는 것인지를 묻고 싶다. 나를 알아가는데 있어서 나는 무엇을 좋아하고 잘하는 사람인지를, 내가 어떤 환경에서는 취약한지를 여러 가지 방면으로 나를 바라보기 시작하면 삶을 대하는 태도까지 달라질 수 있으리라 본다. 입체적으로 나를 바라보자. 그리고 내가 인지하는 것을 넘어 그 이상의 것까지 생각하는 습관을 가져보자. 내가 가진 이상과 당장 직면한 현실의 차이는 얼마나 넓은지, 100%는 아니더라도 그 절반이라도 깨닫기 위해 부지런히 생각하고, 또 글로 써서라도 정리를 해보자.

어느 분야에서나 마찬가지지만, 크리에이터, 인플루언서를 보며 겉으로 보이는 것만 동경하지 말고 그들 내면의 장인 정신을 바라보자. 그것이 당신에게도 보이기 시작하는 순간 이미 메타인지 능력은 일반 범주를 넘어서기 시작한 것이며 세상을 바라볼 때 더 재밌으면서 깊이 있게 바라볼 수 있고 무엇보다 당신은 더 입체적인 생각과 이미지 형태로 대중에게 콘텐츠를 선사하는 프로가 되어있을 것이다. 한 분야로 압도적인 1인자까지는 되지 못하더라도 그 반의 반까지만이라도 갈 수 있다면, 당신은 다른 일을 하더라도 이미 기존에 성공적으로 개척한 한 분야의 지식과 경험으로 인해 더 큰 시너지 효과를 낼 수 있을 것이다. 마치 내가 나를 위해 글쓰기를 시작했지만, 의도치 않게 사람들에게 좋은 영향을 줄 수 있었던 것처럼 말이다. 또 작가이지만 인플루언서로서 활동했던 경험이 강의·컨설팅 할 수 있는 이력과 동시에 비즈니스 모델까지 추진할 수 있는 힘을 가질 수 있게 해줬던 것처럼 말이다. 상상이나 했겠는가, 최저 시급으로 일했던 한 청년이 고작 5년도 안 되는 사이에 출판사 대표인 사업가이자 문화체육관광위원회에서 인정하는 '뉴미디어 콘텐츠 디렉터 1호'라는 타이틀을 가진 콘텐츠 크리에이터가 될 줄은. 이렇게 거대한 영향력을 미치기까지, 난 오로지 혼자서 반지하에서 지내든 알바를 하든 내가 얼마를 벌든 간에 상관없이 매일매일 상상하며 애써왔다. 배경적

지원이 없었기 때문에 꽤 시간이 걸렸다고 생각하지만 앞으로의 5년, 10년 뒤가 나는 더 기대된다. 자기 자신의 미래를 기대할 수 있는 사람이 된다는 건 무척이나 자랑스러운 일이다. 입체적으로 아예 눈 앞에 선명하게 보일 정도로 상상하여 자신의 사고를 탐구하라. 그리고 구사할 수 있을 때까지 장인 정신을 가지며 무한 반복하라. 그럼 안 될 건 아무것도 없다.

> 선수 경력을 통틀어 나는 9,000개 이상의 슛을 놓쳤다.
> 거의 300회의 경기에서 패배했다. 경기를 뒤집을 수 있는 슛 기회에서 26번 실패했다. 나는 살아오면서 계속 실패를 거듭했다. 그것이 내가 성공한 이유다.
>
> – 마이클 조던

인스타그램, 유튜브를
시작해야 하는 이유

　당신이 소셜미디어를 시작해야 하는 이유는 간단하다. 이제는 소셜미디어를 하지 않으면 세상이 어떻게 돌아가는지를 알 수 없게 됐기 때문이다. 수많은 이슈, 정보, 사건이 온라인에 넘치고 있고 단순히 마케팅과 부업을 위해서가 아니더라도 이제 세상이 돌아가는 흐름을 이해하기 위해 소셜 미디어는 필수적으로 챙겨야 할 요소가 됐다. 그야말로 SNS를 하지 않으면 세상과 단절돼버리는 세상이 온 것이다. 굉장히 이분법적 사고로 다가올 수 있으나, 적어도 세상이 어떻게 돌아가고 있고 사람들이 어떤 생각을 가지고 있는지를 꼭 알아야 하는 사람이라면 무조건 소셜미디어를 시작하라고 말해주고 싶다.

간단한 질문을 하나 하겠다. 만약 10만 명 넘는 사람이 당신의 팬이 된다면 기분이 어떨 것 같은가? 서울 월드컵 경기장의 수용 인원이 약 6만 6천 명이다. 실로 어마어마한 규모다. 그러니까 가만히 생각해보면, 팔로워 1,000명, 5,000명, 1만 명, 3만 명을 달성하는 것만으로도 대단한 일이라 볼 수 있겠다. 그만큼 많은 사람이 당신의 콘텐츠, 일상, 글을 보며 응원하고 지지하며 격려를 해주는 것이니 말이다. 특히 인스타그램과 유튜브의 경우 나를 노출하고 드러내면 드러낼수록 나의 가치는 세상 앞에서 빛을 발하고 기회는 창출되며 돈까지 자연스레 따라오게 된다. 지금처럼 미디어 콘텐츠가 쏟아지기 전에는 SNS를 통해 기회를 창출할 수 있다는 발상이 쉽게 받아들여지지 못했지만, 이제는 하지 않으면 바보 소리까지 듣는 시대다. SNS를 통해 이익을 창출하고 새로운 기회를 맞이하는 사례가 워낙 많이 생긴 탓이다.

성공 원리를 생각해야 한다. 자기계발의 클리셰 요소 중 하나가 '개인의 노력'을 강조하는 것인데, 이제는 반은 맞고 반은 틀린 말이 됐다고 생각한다. 아무리 전문성을 지니고 있고 뛰어난 사람이라 할지라도 알려지지 않으면 이 사람이 가진 능력에 비해 기회가 상대적으로 적게 들어오는 것이 당연하다. 요즘 '라이프 코치'라는 타이틀을 가지고 활동하는 분들이 미디어에서도 꽤 보인다. 내 주변에도 10년 이상 코치로서 활동하신 분들이 있는데, 나는 그분들께 꼭 유튜브나 인스타그램, 하다못해 블로그에 글이라도 썼으면 좋겠다고 말하곤 한다. 그러나 그들은 자신을 온라인 세상에 노출시키는 것이 낯설고 어색한 탓에 어려움을 토로하곤 하셨다. 하지만 나는 그들에게 끊임없이 그러한 활동을 권하고 싶고, 필요하다면 직접 나서서 이런저런 도움까지 제공할 용의까지 있다.

비교적 자신의 경력이 적다 할지라도 일반 사람에게 알려줄 수 있는 노하우나 팁이라도 전수할 수 있다면, 이제는 그런 재능과 능력을 인정받을 수 있는 세상이다. 오히려 콘텐츠를 발행하면서 그것이 누적되다 보면 전문성을 인정받는 세상이 된 것이다.

또 하나, SNS를 잘 활용하는 사람들을 보면, 그들 곁에는 그들을 지지하는 대중도 있지만, 그 성공을 돕는 조력자들이 항상 존재한다. 유튜브 시장만 보더라도 내가 즐겨보는 크리에이터의 주변에 비슷한 콘텐츠를 만드는 이들이 늘 있었다. 피식대학, 싱글벙글, 숏박스 등의 채널은 공채 개그맨들이 같이 만들거나 서로의 채널에 출연하면서 시너지를 내고 있고, 비즈니스 유튜브 쪽에서도 신사임당, 역행자 자청, 드로우앤드류 같은 사람들이 서로의 채널에 나가서 통찰력이 담긴 이야기를 전하곤 한다. 나도 마찬가지로 인스타그램에서 활동하는 작가이기에 작가님들과 교류하며 출간 작업을 하거나 도서 출간이 되면 서로 축하해주곤 한다. 그러다 보면 생각하지도 못한 인맥들이 몇 번씩 겹쳐져서 유명인이 내 채널을 구독해주거나 글을 잘 보고 있다는 말을 건네 오기도 하는데, 그때마다 참 세상일은 아무도 모른다는 생각이 든다. 끼리끼리 만난다는 말, 유유상종이라는 말이 정확하다. 소셜미디어에서 활동하는 사람들은 자연스레 같은 카테고리의 사람과 연결고리가 더해져 그들만의 카르텔을 만들게 되는 것이다. 소위 말하는 인맥튜브, 인스타 인플루언서끼리 어울리는 일을 아니꼽게만 볼 게 아니라, 이런 흐름들의 본질을 봐야 하는 것이다.

내가 가진 재능, 능력을 세상에 드러내는 일은 '필요한

사람'이 되는 일이다. 필요한 사람이 되려면 먼저 정보, 재미, 감동, 동기부여 등을 줄 수 있는 고마운 사람이 되어야 한다. 그리고 그 첫발걸음이 되어주는 것이 바로 소셜미디어다. 당신이 보는 온라인 세상 속 사람들과 이 글을 적는 내가 증인이다. 절대로 방안에 혼자만 있는다고 기회가 찾아오는 건 아니다. 이 세상의 중심에 있는 플랫폼에 당당히 나아가 당신이 잘하는 것, 가진 것, 들려주고 싶은 것, 하고 싶은 것을 보여주어라. 그 투자의 시간은 1년, 2년 내에 보상이라도 해주듯 생각지도 못한 기회들을 주는 강력한 무기가되어줄 테니 말이다.

CHAPTER 2

완전히 다른
오늘

평범함이 무기가 될 수 있는 이유

평범한 삶은 누군가에게는 당연한 일상이지만 누군가에게는 간절히 바라 마지않는 꿈 같은 일이 될 수도 있다. 나는 늘 후자에 속했다. 자녀를 둘쯤 둔 좋은 아빠, 좋은 남편으로 평범한 가정을 꾸리고 싶었다. 이는 어릴 때 부모님이 이혼했던 기억과 가난함을 비롯한 결핍들로부터 자연스레 생긴 욕망이었다. 평범하지 못했기 때문에 자존감 회복에 오랫동안 힘을 썼고, 그 과정에서 나의 능력을 펼치지 못하며 날개가 꺾인 채로 살아왔다. 안정적으로 연애하며 사랑하는 것, 좋은 친구들과 평생 좋은 인연으로 남는 것 늘 역시 바랐다. 모두 바라는 것처럼 말이다.

한편 지금 평범한 삶을 살고 있는 누군가는 나와 달리 자신이 '평범하기 때문에' 비범한 사람을 선망하며 자신의 무색무취함을 한탄하고 있을 수도 있다. 혹여나 당신도 당신의 평범함 때문에 아쉬워하고 있다면, 지금부터 좋은 소식을 하나 전하고자 한다. 바로 평범한 사람은 건강한 마음을 가지고 있다는 사실이다. 뜬금없이 무슨 말을 하는 건가 싶을 수도 있다. 흔히 자수성가했거나 성공 스토리가 있는 이들의 이야기를 들어보면 대부분 어떤 결핍, 상처, 트라우마가 존재했다는 점을 알 수 있다. 내가 앞에서 들려준 이야기들처럼 말이다. 이 결핍들은 무언가를 일구는 데 있어서 큰 원동력이 되어줄 수 있다는 장점 아닌 장점은 있을 수 있어도 보통은 자신의 과거에서 빠져나오지 못해서 깊은 우울감이나 스트레스에 시달리게 하는 경우가 더 많다. 내가 정말 원하는 일을 위해 사는 게 아니라 결핍의 거대한 구멍을 메꾸기 위해 사는 삶, 마치 무언가에 얽매인 노예 같은 삶을 살게 되는 경우가 더 많은 것이다.

평범한 사람의 강점이 여기에 있다. 이들은 기본적으로 회복탄력성(실패나 부정적인 상황을 극복하고 원래의 안정된 심리적 상태를 되찾는 성질이나 능력)이 뛰어난 사람들이다. 즉 평범한 사람들은 지구력이 있고 오랫동안 나아갈 힘이 충분하며 이미 좋은 정서적 출발점에 있다는 뜻이다. 모두가 그렇지 않을 수는 있어도 불우한 환경에서 자란 사람들에 비해선 비교적 안정감이 있고 건강한 마음을 지닌 것이다.

당연한 얘기지만 평범하든 평범하지 않든, 누구에게나 위로는 필요하다. 사람은 누군가에게 특별한 사람이 되고 싶은 인정 욕구 때문에 상처받는다. 이야기가 잠깐 위로로 돌아간 이유는 '위로', '특별한 사람', '인정 욕구'라는 말이 평범한 우리, 평범하고 싶은 우리 모두에게 해당되는 공통점이기 때문이다. 모두가 평범하기에 우리 사이엔 이미 공감대가 형성되어 있다. 그리고 그 공감대를 통해 서로 연결되어 있기도 하다. 즉, 당신이 생각한 아이디어가 특출나지 않을지는 몰라도 반드시 그건 누군가에게 공감될만한 포인트는 될 수 있다는 얘기다. 이것이 평범함의 두 번째 강점이자 무기다.

늘 새로운 걸 찾는 우리지만, 동시에 우리는 익숙한 것에서 웃음을 자아내기도 하고 공감하며 대화하기도 한다. 인간은 사회적 동물이기 때문에 공감이란 그러한 인간의 본능적

욕구며 그 공감도에 따라 관계의 깊이는 달라진다. 유명인사, 성공한 사람, 인플루언서, 멘토 등 그들이 특출나고 탁월한 것도 있겠지만 이들은 모두 평범한 사람들의 지지를 받는 인물이라는 것을 알아야 한다. 그들에게도 역시 과거 한때의 비범하지 않고 평범했던 시절은 있었다. 그저 자신의 가능성을 평범함에 묻어두지 않고 자기 계발을 게을리하지 않았기 때문에 일구어낸 결과물이라 할 수 있다.

이뿐만이겠는가. 요즘은 시대가 달라졌다. 내가 평범하더라도 보편적인 공감대를 이끌어낼 수 있는 소재가 무궁무진하기 때문에 인스타그램에 누구나 생각할 법한 글을 쓰더라도, 유튜브에 내가 평소에 고민했던 콘텐츠가 올라오면 나도 모르게 클릭하고 있는 나 자신을 발견하고 있을 것이다. 평범함 자체가 공감대 형성을 위한 무기이며 이를 전달하는 수단이 콘텐츠인 것이다. 그리고 여기서 무엇을 보여줄지 결정 짓는 매개체는 재능과 역량이 될 것이다.

마지막으로 보통의 존재는 어떻게 마음을 먹느냐에 따라서 무엇이든 될 수 있기에 무한한 가능성을 지녔다는 강점이 있다. 마치 도화지와 같은 존재라고 볼 수 있는 것이다. 비록 역경이라 불릴만한 극단적인 환경에서 자라나지 못했다고 할지라도 어떤 감정과 욕망에 따라가느냐에 따라 당신이 나아가고자 하는 방향은 다르게 정해진다. 안전한 삶을 꿈꾸는가? 그렇다면 연봉과 월급은 얼마를 벌어야 하며 어떤 직장에 다니면 안정감을 느끼며 만족하겠는지, 어떤 사람과 관계를 맺어야 자신이 안정감을 느낄지를 고민하게 될 것이다. 신분 상승을 바라는가? 그렇다면 무엇부터 도전하며 자기 계발을 해야 하는지를, 어떤 역량을 키워야 하고 돈을 벌고 명예를 드높이기 위해 해야 할 일들은 무엇인지를 생각할 것이다. 탐구심이 강한가? 그렇다면 어떤 것에 호기심을 가지고 재미를 느끼는지를, 끊임없이 새로운 무언가를 찾기 위해 보물 탐험가처럼 세상에 존재하는 모든 것을 콘텐츠로 여길 것이다. 이것들 모두 갖추어도 좋고 하나만 잡고 생각해도 된다. 당신은 무색무취의 흰색 도화지이기 때문에 앞으로 그려 나가기 나름이다. 만약 내가 자라온 환경이 평범했기 때문에 어떤 원동력이 없다면 앞서 말한 3가지 욕망에 어떤 것이 끌리는지를 곰곰이 생각해보면 된다. 그다음 바로 시작하면 된다. 이제 위험을 감수하며 나아갈 용기를 가져라.

제이피 시어스JP Sears는 "불확실함과 상처받을 수 있는 위험에 도전하는 것은 천재성을 드러낼 수 있는 하나의 과정이다"라고 말했다. 비교적 마음이 건강할 수 있다고 했지만 투쟁하며 일구어가는 것에 익숙하지 않다 보니 도전에 망설여질 수도 있다. 그런 당신에게 말한다. 과감하게 배팅하라. 시간은 당신 곁에 머물러서 같이 있어 주지 않는다. 오히려 멀뚱히 서 있을 때 비웃기라도 하듯 당신 앞을 지나가는 게 시간이라는 녀석이다. 당신이 평범한 학생이라 해도 상관없다. 학교생활이 곧 콘텐츠가 된다. 아이와 함께 보내는 시간, 부부끼리 벌어지는 에피소드는 곧 추억이자 이야기가 된다. 직장 다니거나 사업하는 일상도 훌륭한 브이로그 소재가 되고, 당신만 평범하다고 여기느라 묻어두느라 세상에 공개되지 않은 꿀팁들을 풀어놓을 수 있는 표현의 장이 될 수도 있다.

대부분의 사람은 평범하다. 그리고 거기엔 나만의 평범함도 있다. 그 표본을 특정해라. 천재는 대중의 눈높이에 맞추기 위해 노력하며 역추적해야 하지만, 평범한 사람은 자신이 평소에 고민했던 것이나 느낀 생각을 곧바로 대중의 니즈로 받아들일 수 있다. 당신은 하기만 하면 된다. 올라가면 된다. 압도적으로 뛰어난 천재는 오히려 시대를 너무 앞서간 나머지 생전에 인정받지 못하는 불상사가 생기곤 한다. 하지만 평범한 사람은 그저 시작하기만 해도 일이 풀리기 시작하는 것이 요즘 세상이다. 뉴미디어 콘텐츠가 다양한 플랫폼에서 쏟아지는 지금, 더 많은 문화 콘텐츠를 찾는 지금 이 시대에서는 더욱 그러하다.

단군 이래 이토록 나의 평범함과 재능을 펼치기 좋은 무대는 없었다. 무엇을 상상하더라도 그것은 현실이 될 것이다. 자, 꺾인 줄 알았던 날개를 과감하게 펼쳐보자. 주저하느라 아무것도 못 한 과거의 나를 잠시 잊고 이제는 앞으로 가자. 새는 날아갈 때 뒤를 돌아보지 않는 법이다.

옛날과 지금을 비교했을 때 가장 많이 바뀐 점

오늘의 나와 10년 전, 5년 전의 나를 비교했을 때 가장 많이 바뀐 건 역시 태도라 생각한다.

어릴 때는 막연한 걱정들과 불확실한 미래 탓에 '잘 할 수 있을까'라는 마음이 늘 있었다. 커리어, 스펙, 능력, 돈, 모든 게 없었으니 부업으로라도 돈이 될 만한 일이 뭐가 없을지만 찾아다니곤 했다. 그도 그럴 만한 게 당장의 내 벌이는 월급 150만 원이 전부였고 도전은 계속했어도 돈 버는 머리는 없었다. 우물을 하나밖에 팔 줄 모르는 꼴이 바보같기 그지없었다. 물론 지금은 대표, 작가, 인플루언서 등 나를 설명할 수 있는 말도 많고 나를 찾아주는 사람도 많지만, 그렇기에 상황에 맞춰 잘 선택해가며 일하면 되는 위치가 됐지만, 그때의 내게는 선택지란 게 없었다.

물론, 돈 버는 수단은 10년 전에도 5년 전에도 있기는 있었을 것이다. 그러니 어쩌면 그때의 내가 돈을 잘 벌지 못했던 건 거기까진 미처 보지 못한 나의 안일한 태도 때문일 수도 있겠다. 해왔던 방식만 고수하는 일은 삶을 통째로 정체시킬 수 있는 위험한 일이다. 그리고 난 그런 일은 삶을 안일하게 대하기 시작할 때부터 생기는 것이라 생각한다.

소위 말하는 잘 된 사람들, 큰 부를 손에 넣은 사람들이 왜 굳이 일찍 일어나고 운동과 독서, 글쓰기와 같은 활동에 성실히 임했겠는가. 그러한 활동 모두가 스스로의 생각을 긴장시키고 뇌를 활성화하는 방법들이기 때문이었을 것이다. 물론 나 역시도 이중 하지 않는 것들이 꽤 있다. 잘 되는 사람들의 비법이라고 해서 어떻게 전부 다 따라할 수 있을까. 하지만 다르게 생각해보면, 내게 맞는 방법을 찾으면 그만인 일이다. 어떤 방식으로든 몸과 마음을 타이트한 상태로 유지하고 뇌를 명료하게 만들 수만 있다면 그것으로 충분하다.

내 교육을 들으러 와 주신 수강생들에게 늘 하는 말이 있다. 바로 '조급해하지 마세요'라는 말이다. 한 사람이 어떤 분야에서 성공을 이루는 것은 고작 한두 가지 이유만 생각해서는 할 수 있는 일이 아니다. 다각도에서 바라봐야 할 문제다. 실패하는 경우도 마찬가지다. 단순히 '게으름을 피웠기 때문'이라고밖에 설명하지 못한다면, 이후의 성공 가능성은 낮아질 수밖에 없다. 모든 문제에는 해결책이 있다고들 하지만, 문제의 일부만 얘기하면 100%의 정답을 이끌어낼 수는 없는 법이니까.

나는 늘 내 인생을 '악착같이, 치열하게' 살아온 인생이라고 말하지만, 사실 그건 굳이 말할 필요도 없는 일이다. 모든 건 결과가 말해준다. 분명히 더 연구하고 정진했으면 더 잘할 수도 있었다. 지금보다 몇 배는 더 많은 돈을 벌 수 있었을지도 모르는 일이다. 그렇기에 나는 맛있는 것을 먹고 좋은 호텔에서 하루를 보내고, 가끔은 명품을 살 수 있는 능력이 생겼다 할지라도 소소하게 만족하는 정도에서 그칠 뿐, 결코 여기서 안주하지는 않는다. 사업을 하기로 했으면 끝을 봐야 하고, 작가가 되기로 마음먹었으면 멋있게 글을 써야 하고, 크리에이터가 되기로 했으면 어떤 면에서든 이로움을 주는 콘텐츠를 만들어야 한다. 해야 할 것도 생각해야 할 것도 많기만 하니, 절대 안일한 태도를 지녀서는 안 되는 것이다. 세상은 절대 만만하지 않다.

어느 위치에 올라가는 것도 정말 쉽지 않지만, 올라간 다음에도 쉽지 않은 건 매한가지다. 사소한 결정이 훗날의 미래를 좌지우지하기 때문이다. 디테일을 놓칠 때마다 썩어버리는 것들은 늘어난다. 제대로 치워지지 않은 채 방치돼 버리면, 그게 쓰레기마냥 그대로 썩어 주변을 망쳐버리기 시작한다. 무엇이든 방치하는 안일한 버릇은 반드시 리스크를 낳는다. 그러니 내가 잘할 수 있는 분야는 할 수 있다며 믿되 계속 점검하면서 체크하고, 잘하지 못하는 분야는 과감히 전문가에게 맡기거나 부탁하는 것도 현명한 방법이라고 할 수 있겠다.

이번 책을 쓸 때도 마찬가지로 같은 주제, 같은 메시지라 할지라도 어떻게 하면 다르게 전달할 수 있을지를 마음속으로 수십 번, 수백 번을 고민했다. 실행과 반복, 피드백의 연속이었다. 그건 이 책을 읽는 독자 분 역시 읽다가 얻을 게 없다고 판단되면 페이지를 덮어버리고 마는 것 현실이라는 것을 알기 때문이었다.

내가 뭘 할 수 있는지와 할 수 없는지를 알고, 뭘 알고 있는지와 모르고 있는지를 알려고 하는 것.

4대 현자라 불리는 공자, 부처, 예수, 소크라테스는 전부 자신만의 방식대로 이와 같은 일들을 삶의 진리로 여기고 일상속에서 실천해왔다.

나는 '복기하다'라는 말을 좋아한다. 바둑에서 한 번 끝이 난 대국의 양상을 두었던 대로 처음부터 두고는 다시 한 번 살펴보는 일을 말한다. 훌륭한 기사는 늘 복기를 소홀히 하지 않는다. 패배한 대국에서도 배울 점을 찾아 점점 더 나은 사람이 되어간다. 내가 인생을 대하는 태도는 과연 어땠는지를 한번 복기해보자. 그리고 더는 흘러가는 시간을 낭비하게 두지 말자. 나도 모르게 타협하고 있던 그 안일한 태도를 바꾸어 리스크를 제거하고, 그토록 바랐던 성공을 이루도록 하자.

돈과 행복을 쫓다보니
알게된 비밀

어느덧 베스트셀러 3권을 출간하고 도합 30만 부가 넘는 책을 판매하다 보니, 점점 자주 듣게 되는 질문이 있다. 바로 '글을 언제부터 썼나요?'라는 질문이었다. 내가 맨 처음 글 쓰는 것에 첫발을 들인 건 6년 전이었고 본격적으로 온라인에 내 글을 선보이기 시작한 것도 4년 전이었다. 처음 온라인 활동을 시작할 때만 해도 인플루언서라는 개념이 지금처럼 분명하게 만들어져 있지 않았다. 그때도 내 업적에 대한 자부심은 있었지만, 흔히들 생각하는 인지도가 있기 때문에 생기는 허세 같은 건 없었다. 오히려 내가 쓴 글을 사람들은 어떻게 볼지, 도대체 어떤 사람들이 내 글을 봐주는 건지를 매일 궁금해했다. 그렇기에 종종 관심 있는 모임에 참여하기도 하고 그 모임을 만드는 주최자가 되기도 했다. 온라인에서도 바쁘지 않을 때는 누군가 만나자고 하면 거리낌 없이 만나기도 했었던 것 같다. 당시에 나는 끊임없이 배우고, 소통하며 성찰하는 것에 흠뻑 빠져 있었다. 그를 통해 발전하고 더 나은 사람이 되고 싶었다. 그만큼이나 나 자신에게 투자하는 일에 관심이 많았다.

무엇보다 사람을 만나 노는 것이 좋았다. 하지만 경제적 어려움은 내게 돈부터 벌고 봐야 한다는 뚜렷한 목적의식을 주었으니 그에 맞게 살 뿐이었다. 마치 학창시절에는 공부를 잘해서 성적이 잘 나오는 것이 학생들에게 일종의 의무처럼 다가오는 것처럼, 내게는 생계를 영위하는 것이 내게 주어진 의무와도 같은 것이었다. 한 번씩 놀고 싶어도 그시간에 일하고 사람 만나는 일도 줄여가며 때론 잠도 줄이며 지냈다. 돈을 버는 일이란 내 최소한의 의무이면서 내가 책임져야 할 것 있을 때 그를 지키기 위해서 필요한 최소한의 수단이라는 걸 지금은 안다. 하지만 과거에는 시야가 좁았기 때문에 돈을 돈 이상의 절대적인 것이라고 여겼던 것이다. 개인에게 주어진 의무란 마땅히 해야 할 일임과 동시에 책임감과 부담감을 안겨준다. 이 상황에서 행복을 말하는 건 쉬운 일이 아니다. 나 역시 억눌려 살아온 만큼 스트레스 해소도 하고 싶었고, 웃음과 행복 가득한 삶을 부러워하기도 했지만, 지금의 내게는 사치라며 다음으로 미루기 일쑤였다.

그럼에도 불구하고 행복을 꿈꾸기를 멈추지 않았고 그러는 새에 끝도 없이 행복을 향해 나아갔다. 나도 모르게 무의식적으로 자신과 비슷한 사람을 찾기 위해 움직인 것이다. 그래야 이런 속마음을 나누었을 때 이방인 취급이 아닌 제대로 된 이해를 받을 수 있을 테니까. 아버지가 일본 사람이고 나도 일본에서 꽤 오래 자란 탓에 이미 존재 자체가 별종이었다. 그렇기에 늘 그 어떤 곳에 소속되기를 열망하며 움직여왔다. 그리고 나는 현재 나의 주변에 있어 주는 한 사람 한 사람으로 인해 그 열망과 믿음이 잘못된 게 아니었음을 확신하고 있다.

난 행복해졌다. 이제는 이 삶을 계속 지키며 사랑하는 사람과 더 많은 추억을 만들고 싶은 마음뿐이다. 또 여전히 세상에 나와 같은 사람이 더 있을 거라는 막연한 기대감 역시 품고 있다. 한때 나는 10대 때 만난 친구가 아니면 진정한 우정이 성립되지 못할 거라고 생각했었다. 사회에 나가서 만나는 사람들과는 진정으로 친해질 수 없을 거라고. 그러나 지금의 나는 일상 속에서 떠올리고 공유하는 생각에 누군가가 공감해주고 어떤 이슈에 대해 비슷한 생각을 했다며 말을 걸어올 때마다 세상의 무리에 연결되어 있는 듯한 느낌을 받는다. 이제야 확실히 알게 됐다. 내가 과거에 괜히 가난을 떠안아 이를 극복하기 위해 노력했던 이유를. '돈'보다 '행복'과 '배움'을 추구하고 그로 인해 얻은 깨달음을 토대로 사람들과 즐겁게 어우러지는 것을 원했던 것임을. 가족 같은 분위기의 왁자지껄한 일상을 원했던 것임을.

다르면 다른 대로 끌리고 닮으면 닮은 대로 공통점을 찾을 수 있어서 좋은 것처럼, 우린 같은 에너지 총량을 가진 사람끼리 신기하게도 끌리게 된다. 흔히들 소셜미디어를 사용하는 건 시간 낭비에 불과하다고 말하거나 타인과 자신을 비교하며 열등감을 불러일으키게 한다고 말한다. 분명 나쁜 영향도 있기는 있겠지만, 좋은 점에 대해서도 말해보고 싶다. 소셜미디어를 통해 지금 사는 동네에서는 만날 수 없는 사람, 전세계 어디에 있는 사람과도 소통할 수 있고, 나의 메시지가 담긴 콘텐츠를 전할 수도 있다. 반대로 나 역시 영감을 받을 수 있는 콘텐츠를 받아볼 수 있다. 그중 마음이 통한 사람과는 진짜 친구가 되기도 한다. 사람 일은 정말 모른다. 어떤 인연이 맺어질지 아무리 생각해봐도 모를 일이다. 그렇기에 더 호기심을 갖고 움직였고 다양한 사람을 만나는 일을 멈추지 않았다. 그러다 보니 그들이 원하는 것과 내면의 목소리에 한 번 더 귀를 기울이게 됐다. 어쩌면 무명 작가였던 내가 단기간에 이렇게 많은 부수의 책을 팔고, 오랫동안 사랑받는 책을 쓸 수 있었던 이유는 끊임없이 상대의 마음을 헤아리려 노력해온 덕일지도 모른다. 그 과정에서 사랑하는 사람들을 찾을 수 있었고 함께 재밌는 일을 도모할 수도 있었다. 잘 산다는 것은 어쩌면 그런 것 아닐까. 나의 삶을 새로운 무언가로 채워 나갈 수 있다는 믿음을 갖는 일. 사람에게 상처받은 마음은 또 다른 사람으로 인해 치유하는 일.

어쩌면 그동안 내가 못 찾았을 뿐, 세상에는 나와 잘 맞는 좋은 사람은 엄청나게 많을지도 모른다. 그러니 오늘도 나는 좋은 사람들을 만나기 위해 집을 나설 것이다.

본질을 파악하는 힘, 통찰력

　지금껏 내가 인간관계에서 도맡아왔던 역할은 늘 기대는 쪽보단 기댈 수 있는 쪽의 사람이었다. 말하는 입장보다 듣는 입장에 가까웠고 위로를 받기보다는 늘 건네 주는 사람이었다. 인스타그램에서 매일같이 위로와 조언을 건네다 보니, 언젠가부터 오프라인에서도 당연하다는 듯 받아주는 입장이 되어있었다. 사실 나도 앞에 있는 사람에게 기댈 줄도 알고, 오늘은 힘들다며 속상한 마음을 잘 표현할 수도 있었을 텐데, 그러지 못했던 것이다.

　"이 사람도 이미 너무 힘드니까."

"나만 힘든 게 아니니까."

그저 이렇게 모든 것을 혼자 짊어지려고만 할 뿐이었다. 그런 마음으로 지내온 지도 어느덧 8년이 다 됐다. 그 결과 나는 무의식적, 기계적으로 자꾸 누구를 감싸려고만 드는 사람이 됐다. 그러던 어느 날 친한 형과 술자리를 가지던 중에, 그가 내게 갑자기 이런 말을 건네 왔다.

"손힘찬이라는 사람은 뭘 좋아하는 사람이야?"

고작 말 한마디 들었을 뿐인데, 갑자기 숨이 턱 막히는 느낌과 함께 아무 말도 나오지 않았다. 원래 같았으면 예술을 좋아하는 사람, 자유롭게 살고 싶은 사람이라며 간단히 얘기할 수도 있었을 텐데 그날은 그런 말조차 나오지 않았다. 그저 소리 없이 눈물만 흘릴 뿐이었다. 그 와중에도 내 앞에 있는 사람에게 미안한 마음만 가득해서 시원하게 울지도 못했다. 왜 그랬던 걸까.

누구에게나 위로가 필요한 순간이 있다. 열심히 사는 사람, 어른스러운 사람, 늘 기댈 수 있는 사람이더라도 말이다.

그렇지만 나는 다른 사람의 마음과 환경만을 존중하며 우선
시한 나머지 나도 모르게 관계속에서 나보다는 상대를 우선
시하는 입장이 되기를 자처했었다. 그날은 사실 누구에게라
도 위로를 받고 싶었던 날이었다. 그런데 그의 질문 한마디
로 인해 그런 속마음이 튀어나와 버린 것이다. 형은 나를 보
며 말했다.

"힘찬이라는 사람은 무언가를 주거나 해주는 법은 정말
잘 아는 사람이지만, 받을 줄은 모르는 사람 같아."

그리고 그는 덧붙여 이런 문제가 생기는 이유가 바로 내
가 가진 특유의 유약함 때문이라고 말해주었다. 애초에 나
는 인지하기 전까지 내가 가진 유약함을 개선할 생각조차
할 수 없었다. 어떤 문제가 있을 때마다 그걸 해결하고자 하
는 의지를 가지는 것도 중요하지만, 그전에 스스로 문제를
인지할 수 있어야 개선할 시도도 할 수 있는 건데 말이다.

사람들은 스스로 고민이라고 생각하는 부분이 있으면
그에 관해 충분히 심사숙고하여 해결하려 노력하곤 한다.
하지만 자신이 고민하는 것이 내가 인지조차 하지 못했던

문제로 생긴 것이라면 얘기가 달라진다. 아직 알아차리지도 못한 문제를 해결한다는 말 자체가 어불성설로 느껴지는 것은 당연한 일이다.

자신이 몰랐던 걸 알아차리는 방법은 의외로 간단하다. 주변 사람이 내게 해주는 말을 듣고 그것에 대해 심사숙고하는 것이다. 또 가끔은 나보다 성숙하거나 더 통찰력이 있는 멘토 같은 존재에게 자문을 구해보자. 마찬가지로 그들이 해준 조언에 대해 심사숙고를 거듭하도록 하자. 자신의 문제를 스스로 알아차리지 못하는 건, 사람은 주관적으로 생각하고 움직이는 동물이기 때문에 당연한 일이다. 그리고 한 인간이 정신적으로 성숙해지는 과정은 그를 알아차림으로써 일어나는 법이다. 책을 많이 읽고, 글을 많이 쓰고, 좋은 생각을 나누는 것도 좋은 방법이다. 그 안에서 주고받을 수 있는 훌륭한 통찰을 어쩌면 내게도 접목시킬 수 있을지도 모르니 말이다.

내가 몰랐던 문제를 마주하여 이를 풀어나가고 개선하는 건 무엇보다도 **빠르게 성장**할 수 있는 효과적인 계기가 되어줄 것이다. 감히 그것을 인생의 전환점이라고 부를 수 있을 정도로 말이다. 당신에게 묻겠다. 그간 당신이 들어온

충고 중에 은연중에 흘려서 들은 말에는 무엇무엇이 있었는가. 어쩌면 무의식 속에 묻혀버린 그 말들 중 '반드시 짚고 넘어가야 할 말'이 있을지도 모른다.

쉽지는 않겠지만, 기억을 한번 잘 되짚어보자. 말 한마디를 깊이 받아들이거나 심사숙고하는 것만으로도 당신의 인격은 한결 성숙해지고 통찰력 역시 폭발적으로 성장할 것이라 확신한다.

성공이란 어떻게 이루어지는 걸까

인간이라는 낱말이 지닌 뜻을 좋아한다. 사람 '인人', 사이 '간間'. 사람과 사람 사이에서 우리는 각자 다양한 모습으로 살아간다. 어느 한쪽으로 치우치지 않도록, 상대방과 내가 적절한 균형을 이루며 상호작용을 일으킨다.

그렇기에 '끌어당김의 법칙'이라는 말도 색다르게 해석하고 싶다. 끌어당김의 법칙이란 본래 자신에게 일어나는 긍정적인 일, 부정적인 일 모두 자신의 생각과 행동으로 통제할 수 있다는 믿음을 말한다. 하지만 나는 일이 아닌 사람과 사람 사이에도 끌어당김의 법칙이라는 것이 따로 존재한다고 생각한다.

'성공하는 방법'에 관해 생각해보라고 하면, 흔히들 탁월한 실력이나 집안 배경, 재능이 타고 같은 것부터 떠올릴 것이다. 하지만 실상도 그럴까? 내게는 학창 시절에 알고 지낸 친구와 대학 동기, 사회초년생 때 알게 된 직장 상사 말고는 단 한 명도 이렇다 할 인맥이 없었다. 지금 주변에 있는 사람들은 거의 모두가 소셜미디어에서 활동하며 알게 된 지인들이다. 그렇다고 해서 나를 관종이라고만 치부할 수 있을까? 그렇지 않다. 사람은 어쩔 수 없이 모든 사람과 잘 지낼 수는 없을뿐더러, 그 안에서도 관계의 깊이가 각각 다를 수밖에 없다. 단지 나와 잘 맞는 사람과 협업하며 하나씩 활동해 나갈 뿐이다. 때로는 지금 내가 추구하는 것이 무엇인지 구체적이고 명확하지 않았던 때도 있었지만, 그래도 나는 끊임없이 사람과 사람 사이에서 나와 맞는 파트너를 찾아 움직여왔다. 내가 지금 소속되어 있는 기업에서 출판사 사장을 맡게 된 것 역시 그 결과라고 볼 수 있겠다.

나와 신념, 방식이 잘 맞는 기업에서 좋은 콘텐츠와 책을 발행하며 조금씩, 하지만 건강하게 나아가고 있다. 그리고 아마 내가 줄곧 혼자였다면, 그런 일들은커녕 사업가조차도

되지 못하고 개인 활동을 하는 그저 그런 프리랜서로 그쳤을지도 모른다. 꼭 닮은 사람들끼리의 만남이 아니더라도, 서로의 좋은 점과 부족한 점을 서로 따라 하거나 보완해줄 수 있는 사람과 만나 함께하다보면 어떻게든 긍정적인 시너지를 낳게 된다. 내가 지금 나의 업무와 자리에 만족하며 일할 수 있는 것도 바로 그러한 사람들과 함께하고 있기 때문일 것이다.

늘 멘토 같은 사람을 찾기보다는 조화를 이루며 함께 성장할 수 있는 사람을 찾아왔다. 멘토를 만나면 분명 훌륭한 지혜와 충고를 토대로 성장하는데 좋은 도움이 될 수 있다고 본다. 이건 틀림없이 맞다. 다만 실질적으로 내가 바라는 성공을 함께 나아갈 수 있는 동반자가 없으면 200%의 폭발적인 성장은 일어나지 않는다. 수직적 구조가 아닌 수평적 구조가 나올 수 있는 관계, 그 안에서도 장단점을 서로 보완하며 한 걸음씩 나아갈 수 있는 동등한 사이. 그런 사람이 있다면 단순히 돈 버는 것뿐만 아니라 인간적으로도 대화하는 즐거움이 더해질 것이라 믿는다.

혼자만의 성공은 불가능하다. 인간은 혼자서 행복해질 수 없는 사회적 동물이기 때문이다. 홀로 행복해질 수 없기에 혼자 성공할 수 있다고 말하는 건 꽤나 거만한 생각이다.

대부분이 아는 스티브 잡스가 애플 사에서 아이폰과 아이패드, 맥북 등 애플의 혁신을 이룬 인물이라면, 지금의 CEO 팀 쿡은 탁월한 경영능력을 바탕으로 애플을 오늘 날의 위치까지 올려 둔 장본인이다. 혁신을 이룬 이들도 곁에는 늘 든든한 협력자를 뒀다. 당신의 곁에는 누가 있는가. 그리고 무엇을 만들어가고 있는가. 그것이 우리 운명을 결정 짓는 가장 중요한 핵심 포인트라 생각한다. 일평생 뜨겁고도 차가운 성향의 조화를 이룰 수 있는 그 누군가를 찾아왔다. 이제는 그를 발견했고, 그도 나의 가치를 알아봤다. 함께 세상에 값진 문화적 자산을 남기기 위해 태어났다고 확신하기에 멈추지 않고 나아갈 것이다. 끌어당김의 법칙, 그건 사람과 사람의 끌림이며 나를 행복하게 만드는 사람, 나 역시 그 사람에게 좋은 에너지를 주며 서로 수용할 수 있는 관계이다. 우리는 이런 관계를 소울메이트라 부르기로 했다. 당신의 라이프 스타일과 더불어 비슷한 가치관을 지닌 사람. 그와 함께 훌륭한 청사진을 그려라. 그리고 함께 나아가라.

빨리 가려면 혼자 가고

멀리 가려면 함께 가라

- 인디언 속담

당신만의 패밀리,
또 다른 가족을 만들어라

작가 활동을 한 지 4년 만에 첫 사인회를 했다. 머나먼 김해에서 찾아와 주신 독자님도 계셨고, 아주 오랫동안 나의 글을 읽어 주신 분도 계셨다. 아마 그 날은 내가 앞으로도 평생 잊지 못하는 날로 남을 것이다. 이번 행사 전에는 얼굴을 드러낸 적이 거의 없었음에도, 그러니까 그동안 오로지 책을 통해서만 간접적으로 소통할 수 있는 관계였음에도, 그를 감명 깊게 느껴 주시고, 사인회에까지 발걸음을 해 주셨으니 내게는 더 큰 의미가 있었다. 이 날 특히 기억에 남은 독자님이 계신다. 그분은 친구로부터 내 인스타그램 계정을 소개받아서 글을 구독하기 시작했는데, 그 뒤로 꾸준히 글을 읽으면서 인간관계, 자존감 면에서 큰 힘이 됐다는 말씀을 전해오셨다. 그리고는 조심스레 질문 하나를 던지셨다.

"작가님, 고민이 있는데요. 저는 늘 사람들에게 진정성 있게 마음으로 대하거든요. 그런데 상대방은 그런 마음을 좀처럼 되돌려주지 않을 때마다 속상해요. 제가 너무 커다란 걸 바라는 걸까요?"

나는 곰곰이 생각하다가 되물었다.

"독자님이 생각하기에, 정말 모든 걸 터놓고 나눌 수 있는 친구가 몇 명이나 되신다고 생각하세요? 바로 생각나는 사람이요."

"음… 많지는 않지만, 몇 명 있는 것 같아요."

나는 곧바로 이렇게 대답했다.

"이제부터 그런 사람을 더 늘려가세요. 아무한테나 무조건적으로 잘해주고 기대하고 상처받기보단, 마찬가지로 진정성 있게 독자님을 대해주는 사람들을 만드시라는 말이에요."

누군가에게 마음을 주고 그 상대를 진정성 있게 대해주는 일은, 온라인 오프라인을 가리지 않고 어디서든, 그리고 누구든 하는 흔한 일이다. 하지만 안타깝게도, 내가 누군가를 진정성 있게 대한다고 하더라도 그 사람이 그 가치를 못

알아보거나 그 진심이 상대에게 아예 전달조차 되지 않는 일도 비일비재하다. 이건 어쩌면 당연한 일이다. 세상 사람들은 각자 다른 삶을 살고, 그렇기에 자연스레 마음의 모양역시 다 다를 수밖에 없으니까.

하지만 나와 마음이 잘 맞는 사람이 누군가를 진지하게 생각해보고, 결이 비슷한 사람, 이해관계가 비슷한 사람을 찾아서 하나둘씩 주변에 두기 시작한다면 어떻게 될까? 어쩌면 바로 그런 것을 두고 패밀리라고 부를 수 있는 것 아닐까? 꼭 피가 섞인 친족이어야만 패밀리인 걸까? 아니다. 사상이 맞고 영혼을 교류하기라도 하는 것처럼 마음을 나눌 수 있는 관계 역시도 패밀리라고 말할 수 있다.

나와 맞지 않는 사람에게 에너지를 쓸 바에는 무엇이든 함께 시너지를 낼 수 있는 패밀리를 찾는 것이 낫다. 좋고 나쁨의 개념도, 선과 악의 개념도 아니다. 단지 당신과 얘기를 나눌 때 얼마나 감정적 교류가 가능한지, 같이 있을 때 두 사람 모두가 편안한지, 함께 미래를 그려가며 나아갈 수 있는지 등 여러가지 복합요소를 충족시킬 수 있는 사람이냐 아니냐를 보면 될 뿐이다.

우리는 사회라는 세상에 연결되어 있지만, 한 편으로는 단절되어 있다. 철저히 소외된 사람도 분명히 있고, 또 주변에 사람이 많은 것처럼 보일지라도 마음 속에는 남 모를 고충과 공허함을 가진 사람도 존재한다. 그러니 이세상에는 당신과 비슷한 환경, 삶, 생각을 가진 도플갱어와 같은 사람도 반드시 있을 것이다. 생김새와 성격은 다를지언정 추구하는 가치와 성향이 비슷한 이는 반드시 있다. 마치 평행이론과도 같은 운명을 지닌 사람과 필연적 만남을 할 수 있는 세상이 지금 우리가 사는 현실속에 있다. 당장 눈 앞에는 없을지라도 소셜미디어에서, 오프라인 모임에서, 인연은 필연적으로 존재한다. 오프라인에서 아는 사람이 없어도 소셜미디어에서 당신만의 콘텐츠와 생각을 전하는 것만으로 그 결을 따라서 다가오는 이들이 있을 것이라는 것이다. 반대로 당신이 찾는 이가 활동하는 모습이 보인다면 한 번 만남을 정중하게 요청하는 것도 방법이다. 세상은 넓다는 뻔한 말이 단순히 세계지도만 봤을 때는 와 닿기 어려울 수 있겠지만, 당장 미디어 매체에 들어가는 것만으로도 세상에는 정말 다양한 사람이 있다는 걸 알 수 있다.

밖으로 나가서 그들을 만나서 이야기하고 활동하고 협

업하라. 나아가 함께하는 패밀리들과 역서를 써 내려가라. 그 경험은 장담컨대 만화보다 재밌는 최고의 이야기가 될 것이라 확신한다. 결심했으면 움직이자. 시간은 기다려주지 않는다.

실력만 있다면
기회는 쉽게 얻는다

이번 글에서는 먼저 두 가지 일화를 소개하면서, 내가 어떻게 지금까지 계속 발전해올 수 있었고 기회를 만들어낼 수 있었는지를 말해보려 한다.

· 1 ·

나는 2020년에 유튜브를 처음 시작했다. 그때 구독자 수가 잘 늘지 않아 늘 자신감 없이 지내야만 했다. 그때도 인스타그램 팔로워는 10만이 넘었었는데, 처음 올린 유튜브 영상 조회수가 100도 안 나오자 큰 좌절감을 느낀 것이다. '와, 내가 아무리 인스타그램을 잘해도 거기서 통했던 방법이 유튜브에서도 무조건 적용되지는 않는구나' 싶었다.

과감히 내 현실을 인정하고 배우기로 마음먹었다. 그래서 당시에 유튜브 컨설팅 하는 비즈니스 유튜버 분에게 자문을 구하기 위해 무작정 그분의 홈페이지를 찾았고, 그곳에서 유튜브 콘텐츠를 기획하는 법, 영상 구성 방식에 대해 어느정도 배울 수 있었다. 그 뒤 조회수는 100배 이상으로 뛰었고, 내가 아예 유튜브에 감각이 없는 게 아니라는 걸, 그리고 나보다 앞서간 선구자에게 배우는 것이 확실히 효과가 있었음을 깨달았다. 내가 직접 경험하며 하나씩 학습하는 것도 중요하지만, 때로는 과감히 전문가에게 피드백을 받는 것이 배움의 추월차선을 타는 방법일수도 있음을.

· 2 ·

첫 책을 썼을 때다. 어느 순간 내 글쓰기 실력이 부족하다는 것을 절실히 느꼈다. 그래서 한 번 제대로 배워보고 싶다는 생각이 들었다. 그렇게 동종업계에서, 작가 중에서 인스타그램 콘텐츠 제작 방법이 아닌 글을 잘 쓰는 방법을 누구에게 배울 수 있을까를 고민하고 있었던 그때, 한 인물이 눈에 띄었다. 같은 일을 하는 입장에서 봐도 정말 좋은 글을 쓰는 사람이었다.

나는 그분의 글쓰기 클래스 공지를 보고는 곧바로 수강을 신청했고, 그분은 내게 자신에게 배울 것이 없지 않겠냐고 말씀하셨지만, 글쓰기 면에서 확실하게 배울 수 있는 부분이 있다고 확신하여 망설임 없이 6주 과정 동안 잘 부탁드린다며 정중히 인사를 건넸다. 그 결과로 한 편의 글을 쓰더라도 어수선하지 않고 정돈된 글, 담백한 메시지를 지닌 글을 쓸 수 있게 됐다. 같은 업종에서 일하는 사람이기에, 같은 예술가이기에 더욱 자존심을 세우며 인정하지 않았을 수도 있었겠지만, 애초에 그런 자존심은 그다지 도움이 되지 않는 편이라 생각하는 사람이라 문제없었다. 누구에게나 배울 건 있고, 그것이 설령 경쟁자, 경쟁사라 할지라도 열등감을 느낄 게 아니라 겸허히 부족한 부분을 인정하며 배움의 수용자세가 있어야 한다고 생각한다.

간접적인 계기와 경로를 통해서 배움을 얻는 것과 직접 내 상황과 현실에 직면한 뒤에 면밀히 컨설팅 받는 것은 각자의 의미를 지닌다. 내가 이 두 가지 얘기를 통해 전하고 싶은 교훈은, 지금 자신이 기본기를 갖췄고 한 분야에서 잘하고 있다고 할지라도 외연 확장은 불가피한 일이고, 그때 배

움을 망설이거나 나아가려는 자세를 취하지 않으면, 앞으로
는 어떤 발전도 성과도 없을 것이라는 점이다.

무언가를 배울 수 있는 대상이 동종업계에 있는 사람이
라서 선뜻 마음이 가지 않는다면, 그건 곧 자기 자신을 부정
하는 일과도 같다. 이 사람에게서 배울 건 없으며, 나보다 나
은 게 없을 거라는 거만함에서 나온 결론인 것이다. 오만한
태도는 되도록이면 빨리 버리는 것이 좋다. 오히려 자신의
부족한 부분을 겸허히 받아들이고 잡념은 비워내는 것이 좋
다. 그렇게 그릇을 비워내야만 새로운 물이 들어올 수 있는
법이다.

나는 이 과정을 반복하는 것이 우리를 앞으로도 계속 발
전시켜줄 거라고 믿는다. 또한 이런 식으로 배움을 게을리
하지 않으면, 우리 주변에는 자연스레 건설적인 사람들이
모이게 될 것이다. 그야말로 선순환인 것이다. 인정하자. 그
리고 용기내서 다가가자. 그 잠깐의 용맹함이 낳는 결과는
당신의 운명을 바꿀지도 모르니까.

성공의 동기가 되어주는 것

늘 스스로에게 취해서 사는 것도 아니고 아직 절대 그런 사람이 되었다고도 생각하지 않지만, 종종 주변 사람들로부터 '어디서 강연해도 손색없는 작가이자 강사'라는 말을 듣기 시작했을 때도, 나는 새로운 세상에 대한 동경과 잘 맞는 이들을 만나기 위한 발걸음을 멈추지 않았다. 아직 모르는 게 많았고 만나고 싶은 사람이 많았다. 소셜 살롱 형태의 모임에 1년 6개월 동안이나 참석했던 걸도 바로 그 때문이었다. 그곳의 규칙이 마음에 들었다. 직업과 나이를 밝히지 않으며, 존중을 바탕으로 된 토론을 할 수 있고, 무엇보다 진솔한 얘기를 나눌 수 있는 사람이 모여 있다는 것 자체가 큰 매력으로 다가왔다. 당시 나는 모르는 사람에게 '작가'라는 직업을 밝히는 것을 쑥스러워했었는데, 그 규칙 역시 개인적으로 마음에 들었다. 아무리 작가라고 해도 늘 기발한 아이디어와 생각을 들려줄 수는 없는 셈이었고, 알게 모르게 그래야만 할 것 같다는 압박감도 내게는 늘 있었으니까.

그 모임에서 난 한 번도 전문가인양 말한 적이 없었다. 내가 아는 것과 모르는 것을 확실히 구분 지으며 아는 것은 확실히 표현하고 몰랐던 것이 무엇인지 파악하려고 무던히 애썼던 걸로 기억한다. 또 나이를 비롯한 것들에 관해 편견 없이 친해진 이들과의 감정교류 역시 값진 추억이 됐다. 정말로 소중한 인연들을 그곳에서 만났다고 생각한다. 그때의 손힘찬은 지금보다 붙임성이 훨씬 없었던 사람이었고 누군가에게 다가가는 법도 잘 몰랐던 사람이었는데, 그런 내가 변할 수 있게 된 것도 내게 큰 용기를 준 그 모임 덕이 컸다고 생각한다. 어쩌면 내가 지금 인스타그램에서 얼굴을 많이 드러내며, 많은 대중분들과 소통할 수 있게 된 것도 이런 경험이 밑바탕이 돼 주었기 때문일 것이다.

다수의 사람에게 어떤 메시지가 담긴 콘텐츠를 전하는 일을 하다 보면, 때로는 비판을 감수해야 하기도 했고 엄습하는 두려움을 견뎌내야 할 때도 있었다. 그리고 그때마다 모임에서 알게 된 이들이 소중했고 값지다는 사실을 알게 됐다. 있는 그대로의 나를 인정하고 내 생각을 경청해주는 이들이 있다는 사실이 위안이 됐다. 나아가 온라인 세상에도 나와 잘 맞는 이들이 있지 않을까 하는 호기심과 용기까지 생겼다.

누군가에겐 여전히 미약할 수 있겠지만, 지금의 자리에 오기까지, 나는 한 단계씩 확실하게 계단을 밟아서 올라왔다. 네트워킹, 인적 자원이라고 표현하면 사람 사이에 인간미가 없다고 느껴질 수도 있으나 관계에 대한 고민에서 자유로워질 수 있는 이는 거의 없다고 해도 무방하다. 그렇기에 누군가에게 영향력을 주는 사람이 되기 위해선, 정서적 안정감과 나를 언제나 지지해줄 수 있는 사람이 있어야만 오랫동안 건강하게 활동할 수 있는 게 아닐까 싶다. 나 역시 스스로 자기확신을 가지고 나를 믿고 지지해줄 수 있는 인간관계가 형성된 뒤에 스스로를 더 적극적으로 노출하기 시작했으니까.

"힘찬님, 전 문학가들이 불행한 삶을 살다가 자신의 예술작품을 세상에 탄생시킨 뒤 비극적인 결말을 맞는 이야기들을 접하며 꽤 안타까워하곤 했어요. 근데 전 힘찬님이 예술가로서 좋은 작품을 만들고 또 무엇보다 행복했으면 좋겠어요. 부디 행복한 예술가가 되어주세요."

앞서 언급한 모임에서 들은 말이다. 지금까지도 한 번씩 떠올라 큰 위로가 돼 주는 한마디다. 사람은 말 한마디로 살기도 하고 죽기도 한다고 하지 않던가. 나는 모르는 이에게도 힘과 위로가 될 만한 글을 전해왔지만, 정작 나는 그런 위로를 얼마나 자주 들어왔는지를 생각해본다. 그때마다 서서히 그리고 하나씩, 감사함을 표해 주셨던 독자분의 마음이, 주변 사람이 내게 건네 준 격려의 한마디가 온전히 들려오기 시작한다. 콘텐츠를 만드는 사람 또는 한 분야의 전문가가 됐다고 해서 늘 고고하게 있을 필요가 없는 것이다. 결국 모두가 똑같은 사람이다. 아무리 실력이 뛰어난 사람이 되었더라도 인간관계로부터 자유로워질 수는 없다. 그러니 좀 더 열린 마음으로 사람을 대해도 된다. 이제는 어디든 가자. 진정성을 마음속에 품고 먼저 인사를 건네자. 마음이 닫힌 채로 세상을 살아가기에는 아직 우리가 만나지 못한 기적과도 같은 만남과 새롭게 만들어갈 수 있는 이야깃거리가 너무나 많으니 말이다.

뉴미디어 콘텐츠 디렉터 1호,
노출 10억 이상에 달성한 이유

인스타그램에서 '손힘찬' 하면, 모르는 사람도 많겠지만 알 사람은 아는 정도의 경지에는 올랐다고 생각한다. 여기서 차별점을 더하자면 난 평균 이하의 삶에서 시작했기 때문에 남들에 비해 출발점부터가 달랐다는 점이 있다.

가난과 이혼이 성공한 이들의 클리셰라 할지라도 난 몇억대 자산가, 자수성가 등의 타이틀에는 크게 관심이 없다. 돈이라는 건 내가 보여준 가치에 따라 함께 오는 것임을 학습했고, 온라인 공간 곳곳에는 나의 글로 흔적이 남겨져 있고 이 책도 마찬가지로 나를 사람들에게 기억하도록 남겨지는 흔적 중 하나가 될 수 있으니 말이다. 콘텐츠 발행량이 압도적으로 많은 탓에 뷰가 많은 것도 있겠지만, 그렇지 않았다고 하더라도 만약 콘텐츠의 힘이 약했다면 난 당당하게 이 글을 쓰고 있지 못했을 것이다.

어떤 사명감, 대단한 비전이 있는 건 아니었다. 단지 생계를 해결하기 위해, 책 쓰는 작가가 됐을 때 그러한 작업들을 한 명이라도 더 많이 알아봐 주기를 바라는 어린 마음에 이 일을 시작했다. 그리고 그토록 지극히 개인적인 사유가 담긴 출발이 지금까지 거대한 나비효과를 일으켜왔다. 한결같이 사람들에게 좋은 글을 전달했다. 자극적이기만 한 글로 사람들에게 상처를 주기보단 때론 동기부여를 해주고 때론 위안을 주는 그런 채널을 꾸리기 위해 애써왔다. 마치 좋아하는 만화책을 보며 위로를 받았던 어린 시절에 작가에게 느꼈던 고마움을, 이제는 고스란히 돌려받는 것을 삶의 낙으로 삼는 나날들이다. 아마 앞으로도 난 변함없이 글을 써서 올릴 것이고 누군가에게 어떤 형태로든 창작물로 영향력을 주는 이로 남아있을 것이라 생각한다. 사업을 비롯한 그어떤 일을 하더라도 이 일을 멈추지 않을 자신이 있다. 한 번씩 슬럼프가 오고 아무것도 하기 싫을 정도의 번아웃이 오는 순간이 있어도 내려놓지는 않는 것. 크리에이터 중에 모두가 나같은 마음일 수는 없겠다는 생각이 들지만, 적어도 무언가를 전달하고 싶다는 건 지극히 개인적인 이유에서 시작하는 게 맞다는 점이다.

개인의 이야기가 지극히 대중적이라는 말이 있듯, 당신의 이야기나 콘텐츠로 인해 위로를 받든, 쉼을 얻든, 재미를 얻든, 감동을 얻든 간에 유의미한 시간과 결과를 만들어내기에 부족함이 없을 것이다. 처음부터 거대한 팔로워 숫자나 좋아요 숫자를 바라고 시작한 건 아니었다. 막연히 영향력 있는 사람이 되고 싶다고 생각하며 시작한 것이 지금 이 숫자를 만들었다. 그러니 팔로워와 구독자의 폭발적 증가를 바라며 시작하지는 말기를 바란다. 꾸준히 오래 가는 것이 중요하다. 필드 위에 끝까지 살아남는 사람이 이기는 것이다. 잠깐의 빛을 보고 끝나는 게 아닌 매일을 새로움의 연속, 하이라이트 시간들을 쌓는 것이 우리의 정신 건강에도 이롭다. 『돈의 속성』 저자 김승호 회장은 빨리 부자가 되는 방법에 대해 말했는데 역설적이게도 빠르게 부자가 되어야겠다는 생각부터 버려야 한다고 말했다. 물론 속도는 중요하다. 단, 누구에게나 자신만의 페이스를 맞춰서 조절하는 것이

'더' 중요하다. 반드시 빨리 결과물이 나와야 한다는 강박관념이 자신을 망칠 수도 있다. 이성적인 판단을 내려야 할 때 조급함에 휩쓸려 무리수를 두게 될 수 있다. 장윤철 칼럼니스트는 다음과 같이 말했다.

"지옥같은 아우슈비츠에서 생환한 정신과 의사 빅터 프랭클은 『죽음의 수용소에서』란 책에서 현재의 절망을 잊으려고 과거의 향수에 사로잡혀 지냈던 사람들과 미래에 너무 강한 희망을 가졌던 사람들이 오히려 아우슈비츠에서 많이 죽어갔다고 증언했다. 고통스럽지만 지금의 현재를 부여잡은 채 어떤 의미와 감정을 느끼고, 유머를 잃지 않고, 인간의 존엄성을 지키려는 노력이 생존에 더 큰 도움이 되었다는 것이다. 즉, 과거나 미래로 도피하지 않고 현재에 버티고 존재했던 사람들이 끝까지 살아남은 셈이다."

어느정도 목표는 세우되 현재 이 순간에 집중하는 일. 매일 글을 써서 업로드 했던 일이 아이러니 하게도 내가 현재 이 순간을 붙잡을 수 있도록 해주었다. 과거나 미래에 머무르는 게 아닌 지금 이순간 사람들과 글로 소통하며 지내는 일상, 그 시간들이 쌓여서 오늘 날의 연들이 맺어지게 됐다. 결과란 매순간에 최선을 다했을 때 따라오는 것에 불과하다. 뉴미디어 콘텐츠 디렉터 1호, 28만 팔로워, 10억이 넘는 콘텐츠 노출량, 내는 책 마다 베스트셀러에 오른 일은 평균 이하의 내가 매일 매일 멈추지 않고 지금 이 순간에 집중해 글을 써내려 가며 콘텐츠를 발행한 결과에 지나지 않는다. 누구나 나처럼 할 수는 없어도 나와는 다른 형태의 결과로 또 다른 빛을 발휘하리라 믿는다. 꼭 그럴 것이다.

CHAPTER 3

도약의 기술

습관이 될 수 있는 일을 하라

매일 글을 보는 일과 쓰는 일을 반복한다. 학창 시절엔 그렇게 따분하고 하기 싫기만 했던 독서와 글쓰기였는데, 이제는 거의 내 삶의 전부가 되어버렸다. 늘 재미를 위해서, 또 일을 위해서 읽고 쓰며 산다. 이런 행위는 이제 숨쉬듯 당연해졌다. 사람을 볼 때도 상대방이 쓰는 언어와 문장, 말투에 집중하면서 그 사람의 깊이를 나름대로 가늠하곤 한다.

이것들은 다 내가 글을 다루는 사람이기 때문에 자연스럽게 생긴 습관들이다. 이런 성향은 모든 사람에게 맞지는 않을지 몰라도 내가 나름의 인생 철학을 만드는데 큰 기여를 했고, 이제는 너무도 당연한 내 일부가 됐다. 심지어 때로는 어휘력이 풍부한 사람이나 말할 때 단어선정이 독특한 사람에게 매력을 느낄 정도니까.

같은 행동을 하더라도 목표를 다르게 잡아두면, 그것에 투자하는 시간과 임하는 마음가짐이 달라진다. 누군가는 단지 몸무게 감량을 이루기 위해 일주일에 대충 두세 번쯤 헬스장에 가서 운동을 할 것이고, 또 다른 누군가는 아름답고 멋진 몸매를 만들어 바디프로필 사진을 남기기 위해 거의 매일같이, 그리고 처절하게 운동할 것이다. 이 둘의 운동에 임하는 태도와 결과는 확실히 다를 것이다. 내 경우에도 그랬다. 운동을 정말 싫어했던 사람으로서 확고한 목표나 명분이 없으면 운동을 매주 꾸준히 하는 일이 없었다. 반면 글을 읽고 쓰는 일만큼은 당연하다 싶을 정도로 확고한 습관으로 만들어둘 수 있었다. 그리고 내가 그럴 수 있었던 이유는, 바로 그게 내가 정말로 원하는 일이었기 때문일 것이다. 사람이 그렇다. 명분이 있으면 그것을 위해 무엇이든 기꺼이 해낼 수 있는데, 그 이유가 스스로 납득이 되지 않으면 하고자 마음을 먹어도 흐지부지되고 아무리 결심과 다짐을 해도 작심삼일로 끝내버리게 된다.

독서, 글쓰기, 명상, 청소, 운동, 모임, 사랑 등, 생각해보면 인생에서 중요한 일과 해야 할 일은 얼마나 많은가. 이토록 좋은 것도 챙겨야 할 것도 많은 세상에서, 안타깝게도 우리의 인생은 너무도 유한하다. 하루는 24시간으로 정해져 있고 애석하게도 시간은 자로 잰듯 일정하게 흘러간다. 아무리 물질과 정보가 흘러 넘치는 세상이 됐다고 해도 우리의 몸은 하나뿐이고 인생은 한 번뿐이라는 사실은 바뀌지 않았다. 그렇기에 뭐든 신중히 선택해야만 하는데, 모든 걸 잘하려다 보면 그 어느 것 하나 제대로 붙잡지 못하고 나만의 것, 나만의 습관으로 두지 못하게 되어버리기 일쑤다.

눈앞의 일이 당신이 정말로 하고자 하는 일, 좋아하는 일인지 확인하려면 그것들이 자연스럽게 당신 삶의 일부가 되어가고 있는지를 지켜보면 된다. 단기적, 일시적으로 하는 일이라면 여차여차 대충이라도 해낼 수 있지만, 정말 내가 쭉 하고 싶은 일이라면 그것이 습관처럼 당연한 일이 되어야만 하니까. 만약 그렇지 않다면 그건 어쩌면 내가 정말 하고 싶은 일이 아닐지도 모른다. 나아가 당신이 하는 일들로부터 자랑스러움과 성취감을 느끼지 못하거나 그것에 대해 신나서 이야기하고 싶은 마음이 없으면, 그 일은 더더욱 당신이 원하는 일이 아닐 확률이 높다.

내가 앞으로도 평생 글을 써야겠다고 다짐하게 된 이유는, 쓰는 행위가 숨쉬듯 반복되는 일이 되어도 거부감이 들지 않을 거라는 확신 때문이었다. 힘든 순간은 있을지언정 정말 원해서 하는 일이기에 마냥 괴롭기만 하진 않았다. 오히려 내가 쓴 글을 읽어주는 이가 언제나 한 명이라도 있다는 사실에 감사할 따름이다. 늘 그랬다. 누군가 글을 잘 읽었다는 한마디를 건네어올 때마다 정말 기쁘고 뿌듯했다. 그래서 그만두고 싶지 않았고 그러다 보니 쓰는 행위는 내게 자연스럽게 습관이 될 수 있었던 것이다.

하나 더, 내가 원하는 일을 찾기 위한 기준을 '마냥 좋아하는 것'으로 좁게 정의 내릴 필요 없다. 조금 스트레스 받더라도 한 번씩 하고 나면 성취감을 안겨주고 스스로 의미를 발견할 수 있다면 그걸로도 좋다. 반복되는 일상이 되어도, 5년, 10년 뒤에도 이 일을 하면서 지낼 수 있겠다는 상상을 자연스럽게 할 수 있는 일. 그 정도면 된다.

그러니 헷갈릴 때는 '습관'이 될 수 있는가 없는가를 봐

라. 꼭 매번 해야지 다짐해서 해야만 하는 것이라면, 사실 그
건 정말 당신이 원하는 일이 아닐 확률이 높으니까.

목표를 숫자로 적는 일

당신은 어떤 다짐을 하거나 계획을 세울 때 어떻게 말하곤 하는가. '아무튼 열심히 해봐야겠다'라고 말하는 쪽인가, 아니면 '100일 동안 책을 10권 읽겠다'라고 구체적으로 말하는 쪽인가?

물론 일상 속에서 지인과 대화할 때까지 일일이 그럴 필요는 없지만, 적어도 내 삶의 방향을 정하고 중요한 일들을 해내야 할 때만큼은 구체적인 수치가 머릿속에 들어가 있어야 한다. 잊어버릴 것 같으면 적어서라도 외워두자. 한때 스노우폭스 사의 회장인 김승호 회장의 저서 『생각의 비밀』을 감명 깊게 읽고 그대로 따라한 내용이 있다. 바로 '이루고 싶은 목표를 100번 쓰는 것'이었다. 물론 게으른 성격 탓에 목표를 100번씩 쓴다는 행위 자체를 꾸준히 하지 못했지만, 목표 하나만큼은 머릿속에 박힐 정도로 끊임없이 되뇌일 수 있었다. 그 행위가 나를 오늘날의 나로 이끌어 주었음을 확신한다.

첫 에세이를 쓰면서 인플루언서로서 차곡차곡 영향력을 키워가고 있을 때였다. 비록 통장에 돈은 100만 원도 없었지만, 나는 그때도 늘 머릿속에 여러 구체적인 숫자와 목표들을 그려놓고 있었다. '이 책은 내가 1위로 만들어야지, 그동안의 노력이 빛을 발하기 위한 첫 결과물이니까.' 그렇게 말이다. 실제로 첫 책이 베스트셀러가 되기까지는 3년도 넘는 시간이 걸렸다. 또 나의 경험과 생각을 담은 기간을 시간으로 환산하면 1만 시간의 법칙은 깨고도 남았다. 작가로서 글 쓰는 일이란 나의 경험과 평소의 생각을 투영시켜 실제화하는 일이었기에 그토록 오랜 시간을 소비할 수밖엔 없었다. 다행히도 1위에 근접한 9위라는 결과를 만들어낼 수 있었고, 그건 신입 작가치고는 정말 좋은 성과였다. 작가로서 자아실현을 이룬다는 생각보다는 가난에서 벗어나고 싶고,

나를 알리고 싶다는 생각에 마케팅·영업·강의를 꾸준히 했으니 이룰 수 있던 결과라 생각한다.

행복해지고 싶다고 말하며 이를 인생의 목표로 삼는 것과 1년에 1,000만원을 저축하고 싶다고 목표 삼는 것을 굳이 비교하자면, 당연히 후자가 더욱 쉽다. 전자는 보이지 않는 가치에 대한 것이기 때문에 끊임없이 내면의 탐구를 반복해야 하지만, 후자는 소비를 절약하고 수익을 늘리기 위해 투 잡을 뛴다든지 하며 뭐라도 계속 시도하면 달성되는 것이 눈에 보이기 때문이다. 그렇기에 가고자 하는 목적지를 정확히 숫자로 적는 일은, 어쩌면 '행복해질 것이다', '잘 살고 싶다'라고 추상적으로 말하는 것에 비해 훨씬 쉽게 목표를 달성하는 방법이 될 수 있다. 우리는 가야 할 길을 모를 때, 혹은 미래에 대해 자신이 없을 때 너무도 쉽게 의기소침해지곤 한다. 하지만 내 손에 나침반이라도 있고 가는 곳마다 '이쪽으로 가면 됩니다'라고 적힌 이정표라도 있으면 마음 편히 그 길을 따라가지 않았던가.

진로가 고민되고 무언가 해야만 한다는 걸 알면서도 실천에 옮기기 쉽지 않을 땐 목표를 숫자로 바꿔라. 1년에 100

권의 책을 읽겠다고 마음먹었으면 50권, 30권, 10권 등, 숫자들을 깃발처럼 세워놓고 그것들을 하나씩 지나치며 달성해나가야 한다. 책을 한 권씩 읽어가면서는 어떤 책이 내게 잘 맞는지, 어떤 구절이 내게 와닿는지와 같은 것들을 파악해 나름의 데이터 베이스를 만들어가기도 할 것이다. 그럼 읽어야 할 책의 카테고리는 선명해지고, 내가 어떤 분야에 관심이 있고, 무엇을 하고 싶어하는지 과정 중에서 자연스레 깨닫는 것들이 많아질 것이다. 그 과정 중에 과일이 무르익듯 당신의 사고 역시 처음에 목표를 세웠을 때와 달리 성장했음을 실감하게 될 것은 자명한 일이다.

숫자를 적는다는 건 그렇게 내가 해야 할 일을 구체적으로 알려주는 일이 되어준다. 평범한 우리가 더욱 빨리 성장하기 위한 지름길이자 노하우가 되어준다. 학창 시절에야 전교 등수 따라서 내가 하기 싫은 과목의 공부도 해야 했기에 숫자에 거부감이 있을 수 있고, 누군가는 그를 계산적이라고 말할 수도 있다. 하지만 잊지 말자. 압도적인 성취와 나의 노력에 대한 증명은 확실한 결과물과 숫자로만 표시된다는 것을. 우리는 남들의 시선을 신경 쓰며 살 수밖엔 없기 때문에 지극히 개인적인 만족을 위해 하는 행위가 아니라면 숫자로부터 자유로울 수 없다. 뭘 해야 할지 모르겠다면 당장 숫자로 뚜렷하게 표현하라. 그 목표를 향해 나아가는 과정 중간중간에 기록하라. 기록할수록 선명해지고, 직접 한 걸음씩 목표에 다가갈수록 막연했던 당신의 마음속 안개가 걷히는 놀라운 경험을 하게 될 것이다.

지식의 저주에서 해방되어라

전문가와 일반인의 경계가 점점 모호해져 가는 시대다. 그러다 보니 지식과 경험을 겸비하기보다는 경험만을 기반으로 남을 가르치는 사람, 또 현장 경험 없이 지식으로만 컨설팅하는 이들이 종종 보인다. 경험 없는 지식은 탁상공론이 될 수 있고 지식 없는 경험은 오롯이 감에 의존하기 때문에 위태롭다. 자신의 경험이 전부이기에 다른 것을 무작정 배척할 수도 있다.

'지식의 저주'라는 말이 있다. 다른 사람의 행동이나 반응을 예상할 때, 자기가 알고 있는 지식을 다른 사람도 알 것이라는 고정관념에 매몰되어 나타나는 인식의 왜곡을 의미한다. 내가 아는 것을 당연하게 알 것이라고 생각하며 친절하게 설명하지 않는 순간부터, 또 내가 전문성이 있으면 있을수록 '이정도는 누구나 알지 않을까?' 하고 은연 중에 몇몇이를 폄하하는 순간부터 나와 상대방 사이에선 소통의 오류와 오해가 생긴다. 그리고 그곳에서 생겨난 작은 오해는 대화가 진행될수록 점점 자라나서, 나아가 나라는 사람을 향한 불신과 비호감으로까지 번지기도 한다.

내게도 내가 아는 것만으로 지식을 전달하던 시기가 있었다. 인스타그램 팔로워 10만이 넘기까지 그 어떤 인스타 강의, 책, 영상도 보지 않았고 나만의 직감만으로 매크로 인플루언서가 됐기에 이에 대한 나름의 자부심도 있었다. 그래서 적은 팔로워를 보유한 사람이 강의를 한다는 것에 대해 색안경을 끼며 비판적으로 바라봤던 시기도 솔직히는 있었다.

그 오해가 깨진 건 2019년, 불과 3년 전의 일이다. 인스타그램 1일 특강을 했을 때였다. 진행 시간은 2시간 내외였고 참여자는 30명 안팎이었다. 나는 내가 나만 아는 압도적인 퀄리티의 내용으로 지식을 훌륭하게 전달해낼 줄로만 알았다. 물론 내가 전한 노하우에 감탄하며 어디서도 들어보지 못했던 내용이라고 말씀해 주시는 분도 계셨다. 하지만 반대로 내가 쓴 말 중에 '인사이트', '비즈니스 계정', '스폰서 광고' 등 이런 키워드가 아예 이해가 안 되어서 내용이 이해 안 됐다며 아쉬움을 토로하신 분도 계셨던 것이다. '아차, 너무 내 페이스대로 설명했구나!' 싶었다. 이전에 마케팅 전문 강사님이 하신 말씀이 생각났다.

"제가 교육하는 곳에 가면 아예 인스타그램 자체를 모르는 사람도 계시고, 회원가입과 로그인하는 법부터 알려드려야 하는 경우도 있습니다."

그 말의 뜻이 뭔지 이제야 알 것 같았다. 세상에 지식은 많다. 다만 내가 지식과 경험을 쌓고 누군가에게 전달할 때 내가 아는 것을 상대방도 당연하게 알 것이라고 판단하는 순간부터 말하는 자와 듣는 자의 괴리가 생기기 마련이라는 것을 기억해야 한다.

당신이 추구하는 가치, 지식, 경험이 모두 알아줄 것이라는 착각과 아무도 알아주지 않을 것이라는 착각 모두 버려야 할 것들이다. 내가 아는 것을 누구나 알 것이라는 생각, 내가 아는 것을 그 누구도 이해할 수 없을 것이라는 생각. 지식만 갖춘 전문가, 경험만 가진 전문가 모두에게 하고 싶은 말을 인용하며 이 글을 마치겠다.

"나는 공직에 참여하지도 않고 역사를 기록하는 지식인과, 생각하지도 않고 중대한 결정에 참여하는 정치인을 만난 적이 있다. 전자는 항상 일반적인 원인을 찾는 경향이 있는 반면, 후자는 일관성이 없는 일상을 살면서 모든 것이 특정 사건 탓이고 자신이 잡아당기는 밧줄이 세상을 움직인다고 믿는 경향이 있다.

둘 다 세상을 제대로 모르는 것 같다."

- 알렉시 드 토크빌

자기 계발自己啓發 하라

자기 계발 (自己啓發)

: 잠재하는 자신의 슬기나 재능, 사상 따위를 일깨움.

살면서 겪는 대부분의 어려움이나 고민은 불안감에서 비롯된다. 사람에게 미움 받지 않을까, 내가 하는 일이 잘 안 풀리지는 않을까, 돈을 다 잃어서 가난해지지 않을까, 그런 걱정과 우려들 말이다. 이러한 불안감들은 사람에 따라 제 각각이다. 각자 추구하는 바가 다르고 행복의 기준 역시 다르기 때문이다. 하지만 재밌는 건, 모두가 다른 기준들을 지니고 있지만, 문제라 생각하는 건 대부분 비슷비슷한 것들이고 이에 대한 해답 역시 의외로 간단하다는 것이다. 누군 가는 이 문장을 읽는 순간 덜컥 화를 내거나 잘 알지도 못하 면서 얘기한다고 생각할 수 있다.

사람, 사랑, 돈, 사업, 행복, 죽음, 행복, 사회 등의 삶의 요소들에 관하여, 단순히 정답만 얘기하면 보통 '말은 쉽지' 라고 넘기기 일쑤다. 하지만 비슷한 문제 혹은 고민을 가지 고 있어도 이를 타파하는 사람이 있고 제자리에 머물러 있 는 사람이 있다는 점은 흥미롭다. 그를 단지 타고났고 타고 나지 않았고의 차이라고 단정지어 말할 수 있을까? 아니다. 적어도 '말은 쉽지'라고 생각할 법한 것들에 대해 나름대로 스스로 심사숙고하여 실행했기에 만들어낸 차이점이었다고 생각한다.

그렇기 때문에 무엇보다도 자기계발自己啓發을 하라고 말 해주고 싶다. 어려움, 난관, 장애물에 직면했다는 건 내가 한 단계 성장할 때가 됐다는 의미다. 그렇게 생각하지 않으면 그 벽을 넘어설 수 없다. 내가 키우는 아이가 원하는 대로 따 라와주지 않아 속상할 때, 아이가 내 것이 아닌 하나의 인격 체라는 걸 존중하고 받아들이는 순간 바라보는 관점이 조금은 바뀌는 것처럼 말이다. 우리는 이 말을 다른 말로 성숙해졌다고도 표현한다. 자기계발을 한다는 건 단순히 비싼 비용을 지불하며 세미나나 강의를 듣는 게 아니다(물론 필요에 따라 고액의 컨설팅을 받아야 할 수도 있다. 그것이 당신의 문제를 해결해줄 타파점이라 믿는다면 말이다). 그보단 내 행복의 장애물이 되는 것을 이겨낼 수 있는 힘을 기르는 과정이라고 보는 게 맞을 것이다.

누구에게나 숨겨진 잠재력과 가능성은 있다. 아직 가공되지 않은 원석처럼, 물위에 떠 있는 얼음 산보다 수면 아래에 잠겨져 있는 얼음이 더 큰 것처럼 말이다. 빙산의 일각이란 말은, 어쩌면 아직 자기 계발을 시작하지 않은 당신을 보며 할 수도 있는 말일지도 모른다.

그렇다면 우린 어떤 자기 계발을 할 수 있을까? 간단히 예를 들어보겠다. 지금 당신의 주된 고민 키워드를 구글이나 유튜브에 검색해보자. 문장이나 어미가 어색해도 괜찮다. AI는 우리의 상상을 초월할 정도로 똑똑하기 때문에 알아서 걸러서 추천해 줄 테니까. 그렇게 나온 검색 결과를 1차적으로 당신의 상황과 고민에 대입을 해보자. 그 해답이 내게 맞는 것 같으면 정답이고, 아니다 싶으면 다시 검색해보자. 그

다음에 할 수 있는 건 그 검색한 키워드에 대한 서적이나 강의를 들어보는 것이다. 만일 강의를 들을 경우엔 그 강사의 책을 읽는 것도 추천한다. 배경지식이 많을수록 강사의 말을 이해하기 쉬워지기 때문이다.

방금 얘기한 것이 너무 간단하다고 생각이 든다면 이제는 직접 몸으로 부딪히며 시행착오를 겪을 차례다. 당신이 앞서 했던 방식에서 나온 정보는 어디서 비롯된 걸까? 적든 많든 누군가의 경험이나 실험에서 나온 것들이고 오랫동안 연구 끝에 고안된 방법일 수도 있다. 이 책의 저자 역시 직간접적인 경험을 토대로 글을 쓰며 여러분에게 이야기를 전하고 있다. 당신이 존경하는 위인이나 롤모델의 가르침 역시 자신의 문제를 해결하기 위해 스스로 과정을 하나부터 열까지 겪으며 얻은 것들을 글이나 강의로 풀어낸 것일 수 있다. 콘텐츠를 제공하는 사람이 된다는 건 어느 정도 주체성을 가진다는 것이다. 이와 같은 능동적인 자세로 자기 계발을 시작하면 일상에서 여러 어려움을 마주할 때, 그것들을 웬만해선 해결하기 힘든 사건이 아닌 간단 명료하게 해결하고 넘어갈 수 있는 작은 난관으로 치부할 수도 있게 될 것이다.

그렇게 당신의 성숙함의 정도는 자기 계발에 얼마나 열

린 자세로 임하고 멈추지 않았느냐에 따라 그 끝을 알 수 없게 될 것이다. 이제 더 이상은 내게 숨겨진 보물과도 같은 재능과 슬기로움을 내버려두지 말자. 그 보물은 세상 대부분의 문제를 해결할 수 있는 강력한 힘을 지니고 있다. 이제, 당신의 그 명석한 두뇌를 계발하러 가자.

> 새는 알에서 나오려고 투쟁한다.
>
> 알은 세계다.
>
> 태어나려는 자는 하나의 세계를 깨뜨려야 한다.
>
> - 『데미안』 중에서

1류는 언어유희를 즐긴다

"ㅅ턴(인턴)… 사람을 턴다는 건가…"

'시 팔이' 하상욱 씨가 소셜미디어에 남긴 내용인데 읽으며 피식 웃었던 기억이 있다. 평소에도 유머 페이지나 유튜브 채널, 하다못해 드라마와 영화의 재밌는 대사를 즐기는 편이다. 일상 속에서 말장난 역시 많이 하는 편인데, 나는 이것이 내 가치관 안에서 상당히 큰 비중을 차지한다고 생각한다. 의미와 가치 있는 것들을 생각하며 심도있게 말하는 것을 좋아하지만 대화하면서도 중간중간에 말장난 하면서 분위기를 환기시키는 일. 또 같이 일하는 사람들, 가족 같은 사랑하는 사람들과 일상 속에서 소소하게 농담을 주고받으며 지내는 일. 내 삶에 있어 언어유희란 늘 삶이 절망스러울 때도 웃음을 잃지 않게 해주고, 지금 누리고 있는 행복을 극대화시켜 준 고마운 존재였다.

보통 '언어유희' 하면 단순한 말장난으로 치부하고 마는 경우가 있다. 하지만 마냥 얕잡아볼 수만은 없다. 르네상스 시대 때의 창조는 언제나 '장난'에서 비롯됐다는 것을 잊으면 안 된다. 창의적 발상은 늘 재밌는 장난과 놀이를 통해서 나타나왔다. 그러니까 창의적인 사람이 되길 원한다면, 당신도 늘 재밌고 새로운 언어를 조합하려고 애써야 한다. 생전 듣지도 보지도 못한 말을 하거나 들으면 우리는 거기서 웃거나 생각지도 못한 아이디어를 접하게 되기도 한다.

친한 동생이 있다. 고등학생 시절에 연애한 친구를 10년이 지나도 잊지못하고 그 이후로 제대로 된 연애도 하지 않는 친구였다. 어떤 특별한 이유가 있는 것도 아니었다. 그저 그녀가 마냥 좋다고 했다. 외모, 조건, 성격 등 어떤 걸 본다는 말도 없이 그저 사랑스러웠다고 말하는 게 마냥 신기했다. 그런 이야기를 주고받았을 때가 겨울이었는데, 동생은 크리스마스가 지나 새해가 밝았을 때 신년맞이로 용기 내어

연락했다는 말을 건네왔다. 결국 동생은 10년 간 잊지 못한 첫사랑과 다시 만나게 됐다. 나는 그 소식을 듣자마자 동생에게 물었다.

"넌 근데 왜 새로운 사람을 만날 생각을 안 한거야?"
"형, 진짜 늑대는 한 여자만 바라보는 거야."
난 그 대답을 듣고 피식하며 한마디 했다.
"낭만 합격"

낭만 합격. 웹툰 〈외모지상주의〉에서 파생되어서 꽤 쓰이는 말인데 그 말이 딱 생각났다. 말이 10년이지 어떻게 한 여자를 그 기간동안 기다릴 수 있었던 걸까. 낭만에도 나름 커트라인이 존재한다면 난 아직 합격하기에는 멀었구나 하는 우스운 생각도 해봤다.

나의 사고뿐만 아니라 일상 대화도 한 층 즐겁게 해주는 게 언어유희라서 그런지 난 모임, 강의 등 할 때도 항상 재미를 잃지 않으려고 노력했다. 내가 위트 있는 사람이든 아니든 간에, 앞으로도 삶에서 유희遊戱를 놓지 않으면 행복과 창의성을 둘 다 잡을 수 있으리라 믿는다. 나는 내가 어쩌다 보니 작가가 됐고 인스타그램에서 글을 쓰는 사람이 됐다고 생각하지 않는다. 내가 쓰는 말이 내 인격을 보여주고 내가 보여주는 모습이 다른 사람이 나를 어떻게 바라볼지를 결정한다. 이것은 현실에서나 온라인에서나 마찬가지다. 당신이 가진 말 센스를 단순히 웃기는 것에만 쓰지 않고 콘텐츠로 보여준다면, 세상에는 재밌고도 생산성 있는 이야기 거리가 하나 더 생긴다. 반대로 일상에 언어유희가 아예 없는 사람이라면 한 번씩 재치 있는 글이나 티비나 예능, 영화나 만화를 보면서 어떤 상황에 어떤 대사가 나오면 공감하며 웃는지 캐치하며 학습하는 방법도 좋다. 참고로 난 후자에 가깝다. 언어유희를 선호하지만 막상 말로 나오지는 않았다. 이 글을 쓰면서도 생각난 지인 2명에게 나의 언어유희 사례가 없는지 물어봤는데 딱히 없다고 한다.

내가 언어유희를 즐기라고 말하면서도 스스로 언어유희가 부족한 건 꽤 모순처럼 들릴 것이다. 그러니 내 말을 듣고 딱히 말을 잘하려고 할 필요 없다. 늘 즐거울 수는 없고 매번 창의성만 추구할 수 없기에 그저 삶을 '유희롭게' 대할 줄 아는 것만으로 충분하다. 그러면 자연스럽게 당신의 삶의 방향은 행복과 가까워질 것이고 자신도 모르게 주변에 좋은 영향을 주는 사람이 되어있을 것이다. 그러한 모습이 완성되기 시작하는 순간이 올 것이다. 그때 조금씩 당신만의 매력을 보여주도록 하자. 먼저 자신이 행복한 뒤에 행복을 전하는 사람이 되어보자. 삶의 유희와 언어유희를 거듭하여 멋있는 크리에이터가 됐으면 한다. 탄탄하게 쌓인 당신의 세계관에 사람들은 자연스럽게 녹아들 것이다. 평소에 유희를 추구하는 것. 이것이 당신을 매력적인 사람으로 만들고 또 사람들이 매력적으로 바라보게 되는 사소하지만 결정적인 이유다.

일이 안 풀릴 때 극복 방법

어느덧 인스타그램을 시작한 지 5년이 됐다. 그러는 동안, 나도 사람인지라 당연히 슬럼프를 겪곤 했다. 팔로워 수치가 정체될 때도 있고 개인적인 컨디션이 별로일 때도 있었다. 슬럼프의 무게를 견디지 못해서 그만두는 사람도 꽤 봤다. 아마 반복되는 일정과 그럼에도 창작을 이어가야 한다는 압박에 시달리다가 포기한 게 아니었을까 싶다.

사실 누군가가 슬럼프를 어떻게 극복해야 하느냐고 물을 때마다, 나는 '그럼에도 꾸준히 하는 게 답'이라고 말하고 싶지만, 그래도 이 자리를 빌려 몇 가지 경험담을 들려주려

한다. 처음으로 슬럼프를 겪은 건 2018년 초였다. 다른 사람의 폼을 오마주하면서 텍스트 콘텐츠를 꾸준히 발행했지만, 결과가 생각보다 나오지 않았다. 내 한계를 넘어서려면 변화가 필요하다는 생각이 들었다. 어느 미디어 시장에서나 그렇지만, 하나가 잘 되면 이에 관련된 패러디나 비슷한 유형의 콘텐츠가 쏟아져 나오면서 그 시장은 금방 레드오션이 되곤 했으니까. 그때 내가 처음으로 했던 건, 아예 흰 배경에다가 검은색 맑은 고딕 폰트로 '감정기복 줄이는 법', '가짜를 거르는 계기는 반드시 온다'와 같은 문구를 써서 글을 전개하는 방식이었다. 사실 너무 심플하고 간단한 방법이었지만, 당시에는 지금만큼 텍스트 콘텐츠가 많지 않았기에 받아들이는 사람들 입장에서도 신선하고 글이 짧아서 읽기에도 편했을 것이다. 그러니 만약 당신에게도 정체기가 왔다면, 그때는 과감하게 새로운 것을 시도하는 게 가장 좋은 방법이 돼줄 것이다.

두 번째 슬럼프는 2020년 1월즘 찾아왔다. 그때는 매일 서너 개씩 콘텐츠를 올리면서 지쳐가고 있을 때였다. 일을 거의 쉬지 않고 했기 때문에 쉬고 싶다는 혼잣말을 시도 때도 없이 했다. 또 콘텐츠를 자주 올리니 반드시 올리지 않으면 큰일이라도 날 것처럼 심리상태도 꽤 불안정했다.

그러던 중 친한 학교 후배가 고맙게도 함께 떠나자고 해서 일주일동안 팔라완에 다녀올 수 있었다. 과감하게 글을 일주일 동안 올리지 않았다. 간만에 바다도 보고 맛있는 것도 먹으며 여러 문화 체험을 하며 쉴 수 있었다. 그리고 놀랍게도, 내게는 아무 일도 일어나지 않았다. 걱정했던 '큰일' 같은 것도 일어나지 않았다. 오히려 그때 휴식을 취한 덕에 머릿속이 정리되면서 충분히 굴곡이 있었을 법한 코로나 시국에도 꾸준히 매출이나 인스타그램 계정의 상승곡선을 탈 수 있었다. 창의성이 필요하면서도 반복성이 요구되는 크리에이터에게 필요한 건 몸과 정신의 컨디션 관리라는 것을 그제서야 안 것이다. 일반적인 회사원들에게도 건강관리가 주요 역량 중 하나인 것처럼 크리에이터 역시 몸과 마음의 관리가 필요하다. 만약 슬럼프가 온 것 같고 계속 버티며 해도 답이 없다 싶을 땐 과감하게 내려놓고 쉬자. 스스로에게 보상을 적절히 주는 것 역시 꾸준히 나아가기 위한 좋은 방법이다.

마지막으로 일상 속에서의 관리가 있다. 최근 살면서 처음으로 깊은 우울감을 느꼈다. 회사 일도 연애도 마음대로 되지 않았다. 결국 약을 복용하며 힘겹게 회복할 수 있었는데, 알고 보니 너무 늦게 자는 습관이 문제였다. 보통 밤 10시부터 새벽 5시에, 특히 새벽 두세 시쯤 수면 상태에 빠져 있을 때 여러 호르몬이 생산되는데, 그때 제대로 수면을 취하지 못하면 호르몬 결핍 등에 의해 쉽게 우울해질 수 있다는 것이었다. 그러니 어쩌면 잠을 일찍 자는 게 호르몬을 제때 준비하도록 도와 정서적 건강을 챙길 수 있는 지름길이 되어줄 수 있다.

만일 무너져버릴 것처럼 슬럼프가 심하게 왔다면, 바로 그때가 오히려 당신 생활의 루틴을 확실하게 잡고 그 안에서 체계와 질서를 다시 세워야 할 때다. 호르몬의 노예라는 말이 있지만 이를 통제하는 방법은 분명히 존재한다. 이미 세상에는 통제를 성공한 이들의 방법과 운동법, 잠 잘 자는 법에 대한 영상이 널리고 널렸다. 직접적인 도움이 필요하다면 책을 읽어도 좋고 전문가를 찾아가는 것도 권장한다. 운동과 잠뿐만 아니라 먹고 자고 움직이는 모든 행위 역시 강박적인 수준까지는 아니더라도 어느 정도는 체계를 잡아두는 것이 나의 몸과 마음, 미래를 위해 좋을 것이다.

마지막으로 도움이 되길 바라며 전작의 구절을 공유하

며 글을 마치겠다.

"미국의 의학박사 에머런 메이어가 쓴 『더 커넥션』이라는 책에서는 장과 뇌의 상호작용을 설명하면서 장에 사는 미생물에 관한 정보를 전달합니다. 행복 호르몬이라 불리는 세로토닌은 체내의 80~90%가 장의 신경 세포로 만들어진다고 해요. 머릿속의 뇌보다 생산해내는 양이 많은 거죠. 우울감을 느낄 때 뇌가 호르몬의 지배를 받는다고 흔히 생각하는데 장 건강도 영향이 큽니다. 우울한 사람들이 인스턴트 음식을 자주 먹는데 (중략) 섬유질이 포함된 채소를 잘 챙겨 먹는 게 중요합니다. 신경정신과 의사들이 우울증 치료에 항우울제만큼이나 식단 교정이 중요하다는 견해를 밝히는 걸 보면 결코 사소하게 생각할 일이 아닌 거죠."

- 책 『나는 나답게 살기로 했다』 중에서

열린 마음가짐이
창의성을 만든다

앞서 쓴 글에서 늘 언어유희를 추구하긴 하지만, 주변으로부터 내가 그다지 재밌지는 않은 사람이라는 피드백을 듣고는 그를 바로 수용했다. 다소 속이 아프긴 했지만 말이다.

진실을 마주한다는 건 꽤 불편한 일이다. 특히나 내가 생각하고 싶지 않은 면이나 부족한 모습에 대해 피드백 받는 건 더더욱 기분 좋은 일이 아니다. 그럼에도 늘 열린 마음으로 수용하는 자세를 유지하는 건, 그것들이 나라는 사람을 확실하게 발전시키는 데에 결정적인 역할을 미치기 때문이다. 물론 자신의 가치관이 깊게 뿌리내리지 않은 상태로 무조건 수용하는 건 독이다. 그럼에도 내가 발전하려는 방향과 추구하는 미래에 있어 걸림돌이 되는 게 있다면 그 의견을 수용하는 것이 곧 발전할 수 있는 길이라는 걸 잊지 말자.

우리는 똑같은 일, 똑같은 생각, 익숙한 곳에 늘 적응이 되어있기 때문에, 이를 무너뜨리는 건 만들어진 건물을 부수고 다시 건축하는 일과도 같다. 굉장히 복잡하고 심적으로 힘겨울 수밖에 없는 일인 것이다. 흔들리지 않으며 피는 꽃은 없다는 말처럼, 나 역시 불편한 사실을 받아들이고 개선까지 하는 일에 많은 에너지를 소모하며 늘 어려워하고 있다. 다만 내가 경계하라고 말하고 싶은 건, 스스로 아는 것이 전부라 믿는 것, 덧붙여 그것을 상대에게도 우격다짐식으로 밀어넣는 행위이다. 이것이야말로 성장을 막는 치명적인 걸림돌이라 생각한다. 사실을 지나치게 과장하여 부풀리게 말하는 일, 다른 사람의 의견을 수용하지 않는 사람은 금방 밑천이 드러난다. 사람이 성장하려면 머릿속에 수많은 재료를 가지고 있어야 한다. 경험과 지식을 결합하여 새로운 결론을 스스로 도출할 수 있는 능력은 수용할 줄 아는 사람이 가진 고유의 능력이다.

내 인생은 피드백과 개선의 연속이었다. 내가 품은 작가로서의 꿈은 전세계에 영향력을 미치는 인물이 되는 것, 사업가로서의 꿈은 문화를 선도하는 기업가치를 지닌 회사를 만드는 것이다. 간결하게 표현한 이 두 문장 안에서 해야 할 일은 수백 수천가지이며 그 과정중에서 거쳐야 할 시행착오가 너무나 많다. 그러니 수용하는 사람이 되지 않으면 꿈꾸는 목표에 달성할 수 없을 것이다. 오늘날까지 살아보니 더욱 분명해졌다. 수용하는 자세를 가지는 것이 초고속 성장하는데 있어 결정적인 핵심 포인트라는 것을 확신한다.

한 가지 더 예를 들어볼까 한다. 난 꽤나 내향적인 사람이다보니 앞에 나서고 계속 대화하고 사람을 자주 만나는 일에 늘 큰 에너지를 쓰곤 했다. 그렇다고 사람을 상대하지 않고 살 수는 없고 진행되는 미팅을 매번 누군가에게 맡길 수도 없는 노릇이었다. 낯은 가리면서 언변이 뛰어난 것도 아니었기에, 처음엔 내가 강의를 할 수 있을지에 대한 의문이 컸다.

이런 생각을 부순 계기는 발상의 전환에 있었다. 수용하는 것이 마냥 불편하고 고통스럽기까지 한다면 자신에게 명분을 주어야 한다고 생각했다. 나는 낯가림이 심한 성격을 갖고 있지만, 이를 사회적인 모습으로 드러낼 때만큼은 그 시간을 '혼자 있을 때 쌓아온 에너지와 통찰을 확실하게 전달하는 시간'이라고 인지해봤던 것이다. 그러니 오히려 상대방에게 긍정적인 기운을 준다는 생각에 이타심과 의욕이 극대화됐다. 자리가 끝나고 상대방이 만족하면 나도 보람을 느꼈다. 그러다 보니 이 과정을 반복하는 것이 자연스레 성취감을 누적시키는 일이 됐다. 어느 시점을 지나면서 혼자만의 시간은 편안한 시간, 누군가를 만나는 건 에너지를 소모하는 시간이라 인식하지 않게 됐다. 그것만으로도 충분히 한 단계 더 성장했다고 말할 수 있었다.

수용하는 자세를 잊지 말자. 그것이 어렵다면 스스로 납득할만한 명분을 쥐어주어라. 그리고 무엇보다 받아들일 줄 알게된다는 건 누구보다도 나 자신을 위한 일이라는 것을 명심하도록 하자.

크리에이터의 기본 자질, 카피라이팅

카피라이팅은 크리에이터 자신을 알리는 데 있어 필수 중 필수라 믿는다. 글 쓰는 작가도 영상 찍는 유튜버도 하다 못해 자신의 얼굴을 드러내며 활동하는 모델도 글쓰기 역량은 기본적으로 갖추어야 한다. 말 한마디도 조심해야 하는 세상이지만 내가 무심코 쓴 글도 파장을 일으켜 논란을 만들거나 누군가에게 상처를 주는 일이 생길 수 있기 때문이다. 어그로, 자극적인 문구도 때로는 활용해야 한다고 생각하지만 중용中庸의 마음가짐은 지켜야 한다고 본다. 중용의 의미는 '지나치거나 모자라지 아니하고 한쪽으로 치우치지도 아니한, 떳떳하며 변함이 없는 상태나 정도'이다. 급부상

하는 것처럼 보이는 채널의 역사를 자세히 알아보면, 그동안 몇 번의 실패 끝에 기어코 떠오른 것을 알게 될 때가 있다. 후라이드 참 잘하는 집 전대표인 은현장 대표도 '장사의 신' 채널을 몇 년 간 운영하면서 뒤늦게 유명 인플루언서가 됐고, 구독자 180만이 넘는 신사임당 채널도 이미 몇 년간의 사전 시도가 있었음을 밝힌 바가 있다. 필요에 따라 한 번씩은 킬링 콘텐츠를 만들기 위해 재미를 자극하는 콘텐츠를 발행할 수 있지만, 그 자극에 익숙해진 팬층은 늘 그것을 원하기 때문에 꾸준히 내가 지속할 수 있는 호흡, 루틴을 만드는 것이 중요하다고 볼 수 있겠다. 그렇다면 카피라이팅은 어떻게 구성하면 좋을까?

일상에서 쓰이는 언어, 그리고 작문적 표현, 이렇게 2가지다. 예를 들어 다음의 두 제목을 한 번 보기 바란다.

'평범한 사람은 하지 않지만 성공한 사람은 꼭 하는 것들'
'가난한 사람은 비웃지만 부자는 목숨 걸고 지키는 습관'

둘 다 어떻게 보면 내용은 비슷하겠지만 제목에서 차이가 있다. 처음에 제시된 문장은 밋밋하지만 두 번째 건 가난,

비웃는, 부자, 목숨 걸고 지키는 등의 다채로운 키워드가 들어가면서 좀 더 자극적으로 읽힌다. 여기서 만약 일상에서 쓰이는 언어와 중용을 지키지 않은 어그로성 문구가 들어간다면 어떨까.

'인생이 알아서 망하는 사람의 특징'

이 문구를 보는 순간 멈칫하게 되고 어떤 사람은 화가 나서라도 클릭할 수도 있다. 하지만 이목을 당길 수는 있어도, 이런 식으로 주의를 끄는 것은 반발심을 얻어 부정적 댓글들을 야기할 수 있고 브랜딩 측면에서도 장기적으로 자신의 이미지에 좋지 않을 수 있다. 조금씩 자극적으로 하는 건 좋지만 지나치게 누군가가 피해 입거나 상처받을 수 있는 건 지양하도록 하자.

일상에서 쓰이는 언어는 내가 평소 쓰는 말이나 카톡에서 쓰이는 어투, 유행하는 '밈'같은 걸 생각하면 된다. 밈이란 인터넷에서 시작된 유행으로 커뮤니티 또는 SNS에 퍼져나간 여러 2차 창작물, 패러디 같은 걸 말한다. 레전드, 어쩔티비, 역대급, 빵터짐주의, 무대 찢었다, 반전 주의 등 조회수나 좋아요가 많이 눌린 콘텐츠의 문구를 보면 요즘 사람들이 어떤 키워드에 반응하는지 알 수 있다. 반대로 작문적인 표현이란 책에서 쓰일 법한 전문성이 있는 것들을 말한다. 예를 들어 영상이나 콘텐츠 썸네일에 '장심비심将心比心'라는 말을 넣고 밑에 작은 글자로 '이 의미만 알면 180도 인생이 바뀐다'라고 들어가면 우리가 일상에서 접하는 용어가 아니라 할지라도 호기심이 생겨 클릭 될 수 있게 만들 수 있는 것이다. 제목을 '펜은 칼보다 강하다'라고 하더라도 그 보충 설명을 짧게, '매출을 ○배 상승한 카피 문구 3,000개 모음'이라고 넣는다면 느낌은 확 달라진다. 콘텐츠의 본질은 개인의 문제나 고민을 이해하고 그것들을 해결할 수 있는 내공, 가치를 지니고 있음을 잘 보여주는 것에 있다. 여기서 문제가 해결된다면 훌륭한 콘텐츠로 남는 것이고 그게 아니라면 어그로 끌었다는 말만 듣게 될 것이다. 난 크리에이터가 카피라이팅을 구사하는 건 그 무게를 얼마나 견딜 수 있냐에 달려있다고 생각한다. 자신의 역량을 꾸준히 계발, 발전하면서 이에 걸맞게 당당하게 카피라이팅을 활용하도록 하자. 만화 작가가 시간이 갈수록 그림체가 정돈되고 전달력이 풍부해지는 것처럼 크리에이터의 발전은 꾸준히 성장한다면 자연스레 구독자와 팔로워는 따라올 수밖에 없다.

늘 얘기했듯 조급하지 않고 당신만의 속도로 꾸준히 나아가기 바란다.

모두를 만족시키려다 보면
모두를 실망시킨다

내게는 특유의 유약함이 있었다. 관계에서는 맺고 끊음
이 쉽지 않았고, 버릴 물건과 챙겨야 할 물건을 구분하지 못
해 쓸데없는 물건들이 방에 넘쳐났다. 일거리가 주어지면
모두 혼자서 하려는 습성이 있었다. 좋게 말하면 누군가를
포용하고 이해할 수 있는 다정함을 지닌 사람 같기도 하겠
지만, 다른 관점에서 봤을 때는 그저 우유부단한 사람으로
만 보일 수도 있었겠다. 또 나는 결단력이 약한 탓에 때때로
주변 사람을 답답하게 하기도 하고 무리한 상황을 만들기도
했다. 그렇기에 내 사람들을 지켜주거나 모두 챙겨주려 하
다가도 정작 나 자신을 위한 시간을 가지지 못한 시기도 꽤

있었다.

나는 다정하면서도 문제해결을 잘하는 이가 되고 싶었고 적어도 내 사람을 지킬 수 있는 유능한 사람이 되고 싶었다. 그건 아마 힘들어봤고 상처받아봤기 때문에 모두에게는 위로와 힘을 줄 수 있는 사람이 되고 싶었던 마음이었을 것이다.

하지만 간과한 것이 있었다. 내가 모두를 좋아할 수 없듯이 모두에게 좋은 사람이 될 수도 없다는 점이었다. 예를 들어보자. 내가 인스타그램 채널을 운영하지만 거기서 올라오는 글은 대부분 사람의 인식 속에는 아마 '좋은 글귀'가 올라오고 있다는 인식이 클 것이다. 그렇다고 해도 '좋은 글'이라는 기준이 사랑에 대한 조언을 해주는 글인지, 마음을 울리는 동기부여인지, 힘들 때 읽으면 좋은 위로의 말인지 등 헷갈릴 수 있다. 만약 내가 글쓰는 철학과 어떤 콘텐츠를 사람들에게 전할지에 대한 고민이 단순히 '좋은 글'을 쓰자!라는 취지에서만 끝났으면 사업체까지 운영하겠다는 생각을 못했을 것이다. 물론 처음부터 '인생의 밸런스를 맞추기 위함'이라는 생각을 확고하게 한 상태로 시작한 것은 아니었으나 적어도 그 100분의 1의 크기의 생각이라도, 적어도 방향성이라도 나와있는 상태로 시작하지 않으면 막연하게 많은 사람들이 봤으면 좋겠다는 생각으로 그칠 것이다. 타깃이 맞지 않는 사람에게 콘텐츠가 노출되는 건 크게 의미가 없다. 내가 말하는 '의미'나 '본질' 이런 키워드는 온라인 세상의 사람이 실제로 나의 글을 보고 있다는 것을 인지하며 이들에게 당신은 어떤 철학을 가지며 이야기를 전할 수 있는 사람이 될 것인가에 대한 고민을 충분이 했으면 한다는 얘기를 전하고 싶었다.

주식 투자 용어로 '단타로 치고 빠진다'는 말이 있다. 하지만 그건 적어도 콘텐츠 크리에이터에게 해당되는 말은 아닌 듯하다. 인내가 필요하고 때로는 고된 순간이 올 수 있다. 그럼에도 평범한 나를 응원해주는 사람들이 있다는 사실 하나만으로 큰 힘이 되지 않겠는가. 반대 세력도 있겠지만 이는 단순히 타깃이 맞지 않았을 뿐이고, 나와 맞지 않는 사람이다. 그들에게도 겸허히 수용해야 할 피드백도 있지만 때론 악의가 섞인 공격도 있기 때문에 그런 행동을 봤을 때는 반면교사를 삼으면 된다. 이게 무슨 말인지는 다음 장에서 구체적으로 다루어보겠다.

자, 당신만의 유니버스이자 세계관을 만들러가자. 철학의 뿌리가 깊게 내린 그 세계는 그 누구도 쉽게 무너뜨릴 수 없을 뿐더러 나를 지지해주는 팬이 생기는 순간 그때부터는 끝도 없이 확장될 것이다.

팔로우 숫자가 전부라 믿는 사람들에게

"진짜 지옥은 이런 거예요. 사방이 막혀 있고 텅 비어 있
으며 깊은 정적이 감도는 차가운 장소 감시당하고 있다는
느낌은 들지만 감시하는 자가 누구인지 알 수 없는 상태.
타인의 은밀한 시선, 그게 바로 지옥이죠."

- 『인간』 '베르나르 베르베르'

내가 운영하는 인스타그램 채널은 2022년 5월 기준, 28
만의 팔로워를 보유하고 있다. 누군가가 보기엔 막연히 큰
채널이라고만 생각할 수도 있겠지만, 잘 들여다보면 콘텐츠
반응도나 도달률의 편차가 크다. 첨부된 사진을 한번 보기

바란다.

개요 ⓘ

도달한 계정	65,745
참여한 계정	1,526
프로필 활동	173

<인스타그램 인사이트 수치 1>

어쩌면 막연히 많은 숫자로 보일 수도 있지만, 28만 팔로워라는 기준을 두고 본다면 꽤 적은 수치라 볼 수 있겠다. 반면 콘텐츠 반응이 좋을 때는 어떨까?

12009　　　208　　　1189　　　21258

개요 ⓘ

도달한 계정	1,695,375
참여한 계정	32,937
프로필 활동	5,121

<인스타그램 인사이트 수치 2>

　콘텐츠 반응도가 제법 높다. 채널 특성에 따라 콘텐츠 반응의 편차는 있는데 첫 번째 예시로 보여준 콘텐츠만 보면 도달률이 현저히 떨어진 탓에 비즈니스적으로 효용성이 없다고 판단 당할 가능성이 생긴다.

　이 내용을 언급하는 이유는 나 역시 작가 인플루언서로서 공격을 당한 적이 있기 때문이다. 한 팔로워가 내게 공격적인 메시지를 보내왔다. 내 팔로워 목록을 봤더니 활동하지 않는 외국인이 있다는 말, 본인은 몇만 팔로워인데 손힘찬 씨보다 반응이 좋을 때가 있다는 말이었다. 그 사람은 거기서 멈추지 않고 이게 어떻게 된 일이냐, 인스타 강의도 찍은 사람이 허수 팔로워를 구매하는 게 부끄럽지 않느냐, 공론화 시키겠다와 같은 말들을 쏟아붙여댔다. 그날 다른 업무를 보느라 확인을 늦게 할 수밖에 없었는데, 그 사람의 계속되는 언론에 제보하겠다는 협박과 욕설 섞인 말을 보며 이런 생각을 했다.

아, 나를 팔로우했다고 하더라도 무조건 나의 편인 법은 없구나.

물론 이 사건은 내가 앞서 보인 자료와 그 외에 한 달 간의 콘텐츠 도달률·노출량 등을 공유하면서 증명하고 해결했지만, 속상한 마음은 어쩔 수 없었다. 나의 콘텐츠를 좋아해서 소비하기 위해 팔로우 해주는 사람이 있는가 하면 나의 계정을 벤치마킹 하기 위해 팔로우하는 사람도, 그저 관심분야에 속하니까 팔로우하는 사람도, 혹은 지켜보기 위해 팔로우하는 사람 등 여러가지 사람이 있으니 그만큼 경우의 수가 많은 건 당연했을 텐데 말이다. 문득 그 말이 생각났다. 10명 중에 4명은 내게 관심이 없고, 4명은 싫어하고, 1명은 적절한 거리를 유지하는 정도고, 1명이 나를 좋아한다는 말. 나와 어떤 관계로 연결되어 있고, 또 팔로워/구독자라고 할지라도 나의 편이 아닐 수도 있다는 사실이 새삼스럽게 다가왔다.

그렇기에 어떤 플랫폼에서 콘텐츠를 만드는 사람이 됐다고 할지라도, 무조건적으로 팔로워 숫자에 집착할 필요는 없다. 많은 게 중요한 게 아니라, 얼마나 지지받고 있으며 또 얼마나 그들에게 신뢰를 주었는가가 중요한 것이다. 1만 명의 팔로워가 있지만 좋아해주는 사람이 10명인 경우와 1,000명의 팔로워 중 좋아해주는 사람이 100명 있는 경우를 비교하면 이해하기 쉬울 것이다. 만일 당신이 팔로워가 많지만 진짜 팬이 없는 것 같으면 적극적으로 소통하면서 친해지는 것이 우선일 것이다. 반대로 팔로워 숫자가 적다고 느껴진다면 조급해할 필요 없이 천천히 콘텐츠를 연구하며 사람들에게 필요하지만 제공이 잘 안 되어있거나, 내가 '이것'만큼은 확실하게 알려줄 수 있다 싶은 노하우, 경험, 좋은 정보를 요약하며 대신 전하는 등의 활동을 하면 된다. 콘텐츠 반응뿐만 아니라 사람들의 이야기를 적극 듣고 경청하며, 이들이 무엇을 필요로 하는지 늘 고민하도록 하자. 이는 무조건 사람에게 맞추라는 것이 아닌 내가 일상에서 불편함을 느끼는 일이 있듯, 사람들이 불편해하거나 필요한 건 무엇인지 파악하는 습관을 가져야 한다는 뜻이기도 하다.

뻔한 것들 속에 답이 있다

　뻔한 전개, 듣기 좋은 말, 잔소리 같은 지겨운 말들… 여러분도 이 글을 읽는 순간에 머릿속에 스쳐 지나가는 것들이 있을 것이다. '열심히 하면 된다'는 말이나 '왜가 아니라 어떻게 하면 좋을지 생각하라'처럼 자주 듣다 못해 더 들으면 귀에서 피가 나올 것 같은 말들 말이다.

　만약 삶과 일이 잘 안 풀리는 것만 같다면, 바로 지금이 발상의 전환을 해야 할 때다.
　진부하지만, 내가 가진 습관 중 나를 오늘날까지 이끌어 준 것은 바로 '질문'이었다. 늘 상대에게 질문하며 그 대답을 경청했다. 그게 내가 오늘 날의 내가 되는 데 있어서 큰 기여를 했다고 생각한다. 질문은 호기심과 연결되는 행위이며 마침표에 물음표를 더하여 합리적인 생각을 하도록 돕는 것이니까. 물론 호기심이 많고 질문이 많다고 해서 내가 모든 성취를 이루었다고 말할 수 없겠지만, 꽤 비중을 차지한 것은 분명하다. 늘 질문을 하며 문제를 해결해왔고 또 대화할 때도 상대의 이야기에 경청하면서 지내왔다.

하지만 문제점도 있었다. 그렇게 질문을 통해서 얻은 통찰을 말로 잘 설명해내지 못해서 낭패를 꽤 볼 때가 있었다. 그래서 대화를 주도하거나 직감적으로 느끼는 것은 많았어도 머릿속에 있는 것들을 잘 표현하지 못해서 스스로 답답하기도 했었다.

이 사실을 확실히 직시했을 때는 내가 알고 있는 것이 그저 '감'에 의지했던 것에 불과했으니 예시를 들어가며 내가 아는 것을 설명하는 연습을 시작했다. 이것은 일할 때도 그렇고 일상 속의 대화에서도 많은 변화를 가져왔다. 내가 전하고자 하는 의사나 의도를 좀 더 정확히 전하는 것은 물론, 그동안 쌓아온 생각들이 많았기에 하나만 설명할 줄 알아도 이것을 크게 봐주며 더 얘기를 듣고 싶다고 내게 질문을 해주기도 했다. 일평생을 살면서 내가 상대보다 말을 더 많이 하면서 일방적으로 지식을 전하는 일은 강연할 때 말고는 거의 없었는데 일상적으로 내가 알고 있는 가치나 생각을 자유롭게 풀 수 있는 상황이 오니까 즐거워지기까지 했다. 주로 내가 경청하는 쪽에 치우쳐 있던 대화의 스탠스는 말하는 것의 비중이 늘면서 균형이 맞춰지기 시작했다. 내가 아는 것을 설명해보는 연습. 이건 학창 시절이나 대학생 때 내가 과외 해주면서 스스로 더 이해도가 높아지는 경우와 비슷한 듯하다. 즐거운 농담을 주고 받는 것도 좋지만 어떤 현상이나 주제에 대해 심도 있게 대화를 나누는 것도 즐기고 있기에, 지금처럼 질문하는 습관과 더불어 이해한 것을 더욱 설명을 잘하기 위해 학습하는 인간이 된 것이다.

여기서 전하고 싶은 말은 이미 기존에 해왔던 방식, 혹은 누군가에게 조언을 받아서 실천하면서 어느정도 성과를 내 본 사람이라면 꼭 알았으면 한다. 당신은 충분히 잘했다. 하지만 더 잘하고 싶거나 더 행복에 가까워지고 싶다면 그 기존의 방식에서 한 가지를 더하거나 뺐으면 좋겠다. 내가 질문하는 습관에 이어 이해한 것을 설명하며 학습력을 극대화한 것처럼, 누구에게나 밀고 붙어온 습관이나 삶의 모토가 되는 키워드가 있는 법이다(키워드는 가령 '성실함'같은 것일 것이다).

잘 되고 있는 일을 더 잘 되게 만드는 방법이나 안 되는 일을 더 잘 풀리게 하는 건 무언가를 더하거나 빼는 일에 있다. 이는 살려야 할 것과 버려야 할 것이 무엇인지 구분하는 능력이다. 나같은 경우 내면으로 파고들기 위한 질문을 하는 습관은 발전에 큰 도움을 주었지만, 이를 전달할 줄 모르니 아쉬움이 있었던 것처럼 당신에게도 분명히 더욱 살려야 할 것, 버려야 할 것, 더해야 할 것, 빼야 할 것이 있을 것이라 본다. 그 힌트는 멀리서 찾을 필요 없다. 어쩌면 가까이 있을지도 모르니, 내가 놓쳤던 진부함과 뻔함은 무엇이었는지를 되돌아보자.

통찰력을 키우는 독서법

책은 아무리 과학기술이 발전해도 우리가 놓지 않을 백세불마, 인류의 보물이다. 나는 집에 1,000권이 넘는 책이 있지만 완독한 책은 100권도 안 된다. 그렇게 사 놓고 읽지 않기도 하지만 필요한 순간에 백과사전 마냥 꺼내서 읽을 수 있는 게 장점이라면 장점이다. 이 책들은 내가 학교를 다니든, 알바를 하든, 프리랜서든, 사업을 하든, 작가로 생활하든, 멈추지 않고 무언가를 고민하고 탐구해온 행위의 결과물들이라고 할 수도 있겠다.

1,000권의 책이 있지만 100권도 안 읽은 이유는 딱히 모

든 책을 정독해야 할 명분이 내게 없었기 때문이다. 독자님과 소통하다 보면 꼭 한 번씩 받는 질문이 있다. 바로 나의 독서 방법에 관한 질문이다. 그분들께 분명하게 말씀드리자면, 모두가 책 한 권을 다 읽으려고 애쓰지는 말았으면 한다. 내가 학습 가능한 선에서, 나의 현재 수준에서 응용할 수 있고, 인용할 수 있는 내용을 읽어야 한다. 완독할 필요는 없다. 내가 책을 보고 느낀 점, 좋았던 점을 나열하기보다 당신의 삶에 구체적으로 어떻게 도움이 됐는지 배경지식이 없는 사람에게도 말로 설명할 수 있는 수준이 됐다면, 그 책을 굳이 모두 읽지 않아도 충분히 당신의 것으로 만들었다는 증거라고 할 수 있겠다. 설명까지 할 줄 알아야한다고 하니 꽤 당황스러울 것이다. 그것조차 어렵게 다가오고 나아가 이 페이지를 덮거나 넘겨버릴 수도 있다. 책 한 권을 외워서 설명하라는 게 아니다. 그저 단 한 마디라도 인용하거나 내 삶에 응용할 수 있어야 한다는 의미다. 반대로 내 인생에 있어 쓸데없는 걸 버릴 수 있도록 도왔다면 그것만으로도 책의 가치는 다 한 셈이다.

한번 생각해보자. 친구에게 고민을 털어놓고 또 밤새도록 술을 마셔도 해결되지 않았던 것이 책 한 권을 읽고 해결

됐다면, 그건 15,000원 이상의 값어치를 넘어 2배, 5배, 10배 이상의 가치를 다한 셈이 된다(그렇다고 친구에게 고민을 털어놓는 게 무의미하다는 건 아니다). 또 책 속의 내용을 살리거나 인용해서 전달하는 다양한 플랫폼의 지식 크리에이터들의 행보를 봐도 그렇다. 요즘에는 책 한 권 속의 지식을 압축하여 보기 좋게, 듣기 좋게, 간결하게 정리하여 전달하는 그들의 모습을 심심치 않게 볼 수 있다(대한민국 유튜브 생태계에서 찾아보자면 대표적으로 지식해적단, 지식브런치, 지식한입, 너 진짜 똑똑하다 채널 등이 있겠다). 책 중에서는 '세상에서 제일 쉬운', '1일 1페이지', '지적 대화를 위한 넓고 얕은 지식' 등이 있겠다. 전부 먼 나라 이웃 나라 시리즈 이후로 쏟아진 지식 압축형 컨셉의 저서들이다.

당신이 굳이 크리에이터까지 될 생각이 없다 하더라도, 책의 내용이 일상적 대화나 토론, 업무, 이성과 대화할 때 도움이 될 수 있는 문장으로써 당신의 말에 힘을 실어줄 수 있다면 그건 책의 값어치를 넘어섰다고 볼 수 있다. 그럼 어떤 내용을 어떻게 기준으로 삼아서 자신의 것으로 만들면 좋을까?

바로 핵심이다. 책에서 말하고자 하는 핵심 메시지가 아니더라도 당신의 삶의 중심으로 빗대어보아 울림이 있었던 문장을 당신의 것으로 만들면 된다. 내게 책을 잘 읽었다는 말씀을 주시는 독자님들에게는 공통점이 있다. 자신에게와 닿은 구절이나 깨달음을 얻은 페이지를 함께 공유해 주시곤 하는 것이다. 의문이 있으면 해당 페이지는 어떤 의도와 의미를 담은 것인지 문의를 주시기도 한다. 다른 예로는 책의 문장을 아예 외워버리고 인생의 철학, 혹은 슬로건까지 삼아버리는 사람도 있다. 대표적으로 인생을 보다 더 진취적으로 살거나 자기계발에 유독 관심 많은 분들이 그러신다. 건강한 몸에 건강한 정신이 깃든다는 말을 따르듯이, 인생의 방향성과 추구하는 가치관이 되는 문장을 찾아 자신의 것으로 만든 것이다.

나 역시도 죽음에 대한 막연한 두려움이 있었지만, '인생은 백세불마, 영원히 사라지지 않는다'는 문장을 가슴속에 받아들인 뒤 자신감이 생기고 오히려 미래를 두려워하기보다 지금 이 순간을 행복으로 채워가야겠다는 고양된 감정을 경험했다. 당신을 살리거나 앞에 나아갈 수 있도록 돕는 그 문장은 당신에게 역경을 관철貫徹하도록 해줄 것이고 사람이나 사물, 현상을 바라볼 때 관철觀徹할 수 있는 도구가 되어

주기도 할 것이다.

그럼 어떤 문장을 당신의 것으로 삼아야 할까? 지표 하나를 공유할 테니 한 번 확인해보기 바란다. 질문 앞에(이 책 구절이)를 붙여서 생각해보자.

- (이 책 구절이) 나의 문제를 해결해주는가?
- (이 책 구절이) 나의 삶을 긍정적인 방향으로 이끌어주는가?
- (이 책 구절이) 내가 무언가를 응용할 수 있도록 돕는 내용인가?
- (이 책 구절이) 내가 쓰고자 하는 글에 인용하기 적합한가?
- (이 책 구절이) 내가 만들고자 하는 콘텐츠에 도움이 되거나 적합한 메시지인가?
- (이 책 구절이) 내 인생의 진리가 되어주는 문장인가?
- (이 책 구절이) 나의 힘듦을 극복하도록 돕는 격려의 문장인가?
- (이 책 구절이) 나의 우울함을 어루만져주는 글인가?
- (이 책 구절이) 내 머릿속을 스쳐 지나가는 영감, 유레카를 외치도록 돕는 글인가?
- (이 책 구절이) 그저 공감이 되어 내 마음 속에 간직하고 싶은 문장인가?

이 10가지 기준을 따라 당신이 읽고 소화하고 싶은 책을 찾아 적게는 한 문장, 한 단락의 글 전체를 당신의 것으로 만들어라. 무엇보다 마지막으로 강조하고 싶은 게 하나 더 있다. 알려준 이 방법을 토대로 책에서 뽑은 인사이트 속에서 그저 가만히 보고 들으며 앉아있는 것에서 그치면 안 된다는 점이다. 그것에 관해 공격적으로 사고하고 실천해야 한다는 점이다. 인사이트를 당신의 것으로 만들어 응용이 될 때까지 멈추지 않고 반복을 해야 한다는 점이다. 그리고 마침내 이뤄내라. 행동을 반복하여 구사하는 단계로 만들어서 압도적인 성취를 이루며 살아가길 바란다.

읽기와 독서를
현명하게 하는 법

책을 읽어야 한다는 걸 알고는 있지만, 마음먹고 무작정 읽어보다가도 한 페이지에서 10분이 넘도록 멍 때려본 적이 독서를 해본 사람이라면 누구에게나 있을 것이다. 근성으로 끝까지 읽어내기는 했지만, 머릿속에 남는 건 없고, 내용이 어려워서 무슨 말 하는지를 몰라했던 경험도 말이다. 이번 글에서는 독서를 하고 싶지만 매번 난이도 높은 책을 만나는 바람에 만족스러운 독서를 실천하지 못하는 사람들에게 노하우를 전달하고자 한다. 책이 좋은 건 알겠는데, 당신이 읽고 얻어가는 게 없다면, 그 책은 고작 라면 냄비 받침 신세가 되거나 서가에 꽂혀서 먼지만 뒤집어쓰게 될 것이다. 그러니 끝까지 읽어보기 바란다. 당신에게 독서 시행착오를 줄여주는 간결하면서도 확실한 방법이 있다.

언제부턴가 우리 일상에서 'MBTI가 뭐예요?'라는 질문은 마치 예전에 혈액형을 물으며 상대의 성격을 파악하는 말처럼 당연한 질문이 됐다. MBTI, 개개인의 성격을 외향형(E)이냐 내향형(I)이냐, 감각형(S)이냐 직관형이냐(N), 사고형(T)이냐 감정형(F)이냐, 판단형(J)이냐 인식형(P)이냐 등으로 판단하여 16가지로 나눈 유형지다.

언젠가부터 SNS에서는 심심치 않게 MBTI 유형 끼리의 연애 궁합이나 MBTI 유형별 부탁할 때, 게임할 때, 놀 때 등 성격 유형별 반응형 콘텐츠가 보이기 시작했다. 아무래도 자신이 익숙하게 알고 있는 지인의 성격 유형이나 자신에게 해당되는 내용이 카드뉴스나 영상으로 뜨면 적극적으로 반응하는 것 같았다. 당연했다. 나와 관련 있거나 지인이나 궁금한 사람의 MBTI 유형에 관심도가 생겼기 때문에 그랬을 것이다.

이 예시를 든 이유는 나의 수준에 알맞은 읽기에 대해 말하고자 함이다. 읽기에 대한 정의나 사전적 의미는 폭넓게 해석될 수 있지만, 내가 말하고자 하는 바는 '문자언어를 통한 발신자와 수신자의 의사소통 과정' 개념에서의 읽기라고 생각하면 된다. 즉 내가 말하려고 하는 읽기라는 건 굳이 책이 아니더라도 우리가 흔히 접하는 영상이나 사진, 글이나 카카오톡과 같은 메신저 모두를 말하는 것이다. 사실 독서의 중요성은 아무리 강조해도 부족함이 없겠지만, 모두가 그렇게 생각하는 건 아닐 것이다. 독서에 얼마나 관심이 있냐 없냐, 책을 사 놓고 읽냐 안 읽냐, 책을 읽고 실천하냐 아니냐, 독서하고 기억하냐 잊어버리냐 등, 여러 가지 행동 패턴을 통해 자신이 얼마나 독서에 관심 있는지 없는지 알 수 있겠지만, 여기서 차이가 생기는 이유는 '관심도'와 '이해도'에 달려있을 뿐. 사람은 보고 싶은 것만 보고 듣고 싶은 것만 듣는다는 말이 있듯이 내가 얼마나 흥미가 있고 배경지식이 있느냐에 따라 읽는 행위를 하는 건 천차만별이다.

다만 당신이 책을 읽어야 하거나 무언가를 보고 분석을 하는 기획자, 크리에이터, 마케터라면 반드시 본인의 관심사나 그로 인해 비롯되는 읽기의 수준을 파악해야 한다. 쉬운 예로는 넷플릭스 추천에 뜨는 콘텐츠 목록이나, 유튜브, 인스타그램 알고리즘에 추천되는 콘텐츠를 보면 당신의 읽기 수준을 알 수 있다(주로 이미지적인 사진을 소비하는지, 역동적인 영상인지, 정적인 글이나 동기부여 영상을 소비하는지 등).
그러다 보면 내가 MBTI 유형을 파악하듯, 내가 어떤 글에
반응하여 해석을 하는 사람인지 대략적으로 알 수 있게 된
다. 즉, '익숙한 키워드'가 무엇인지 자가진단해서 파악해보
라는 말이다. 마치 네이버나 구글에 검색하고 #해시태그 로
검색하여 관심사를 찾는 것처럼 말이다. 여기서 자신의 읽
기 수준을 알 수 있는 실마리를 얻을 수 있다.

어떤 문장에 반응하고, 추구하는 방향성과 알맞은 내용
이 무엇인지 끊임 없이 살펴보자. 내가 아는 것과 모르는 것
을 구분하며, 이해가 잘 되는 것과 아닌 것이 무엇인지 거듭
판단하자. 이 과정이 끝났다면 다음 6가지를 기준으로 두어
서 책을 찾아보면 좋다.

1. 나의 관심사

2. 내게 익숙한 말

3. 내가 추구하는 방향성

4. 내가 필요로 하는 정보

5. 주로 소비하는 콘텐츠 및 알고리즘에 자주 뜨는 것들

6. 해결해야만 하는 문제

독서는 좋은 것이라고 하지만 모든 책이 내게 맞는 건 아니다. 사실 누구에게나 좋은 사람은 세상 어디에도 없고, 다만 나와 잘 맞는 사람이 있느냐 없느냐의 차이인 것처럼, 나와 궁합이 잘 맞는 책도 누구에게나 따로 있는 것이다. 이를 현명하게 구분하여 읽으려면 당신의 정확한 수요와 도서 시장에서 공급해주는 상품의 가치가 알맞아야 만족스러운 결과가 나올 수 있다. 어떤 사람에게는 고전이 도움되는가 하면 어떤 사람에게는 그저 듣고 싶었던 응원의 말 한마디가 절실할지도 모르는 법이니 말이다.

읽고 싶은 책을 찾아서 보는 것도 좋지만, 요즘에는 책의 표지, 컨셉이나 제목만 보고 내용을 판단할 수만은 없고 '제목 보고 속았다!'라는 의견도 있기 때문에 미리 책의 미리보기나 리뷰 및 서평을 보고 책을 접하는 것도 좋다(서점에 가서 몇 페이지씩 읽어보는 것도 훌륭한 방법이다). 이렇게 내 수준에서 소화할 수 있는 책을 한 권씩 클리어하다 보면 당신의 관심사는 넓어지고 자연스럽게 지식의 스펙트럼이 넓어질 것이다. 남들이 본다고 하는 베스트셀러니까 읽어보는 것도 좋지만, 진짜로 당신에게 알맞은 책인지, 또 소화할 수 있는 것인지 곰곰이 따져보며 읽는 것이 어쩌면 정말로 현명한 독서법일 것이다.

반응 쫗은 콘텐츠의 기준?
그 전에 먼저 하지 말아야 할 것부터

흔히 콘텐츠 반응이 잘 나오면 콘텐츠가 '터졌다'고 말하곤 한다. 좋아요가 평소보다 10배 이상 많거나 댓글이 수백 수천 개가 달리거나 하는 경우다. 주변 사람들도 비슷하다. 영상 조회수가 평소보다 10배 100배가 나오면 물개 박수를 친다.

하지만 이렇게 터지는 콘텐츠를 발행하는 것은 말처럼 쉬운 일이 아니다. 또 콘텐츠 발행을 위해 아이디어, 기획, 대본 쓰기, 촬영, 편집 등 생각보다 고려해야 할 것도 많다. 나 역시 유튜브 영상 하나를 촬영하려면 심호흡을 크게 할 정도로 심적인 부담을 늘 느끼는 편이다. 우스갯소리겠지만, 한 유튜버의 PD를 맡은 어떤 사람은 썸네일 제목을 정하는데만 반나절이 걸린다고 말하기도 했다. 하지만 그럼에도 이미지, 영상, 글 등의 콘텐츠들을 병행해서 발행하는 일을 멈춰서는 안 된다. 장기적으로 봤을 때 크리에이터로서의 영향력이 복리처럼 불어날 것이 확실하기 때문이다. 당장 완벽하게 해내라는 말이 아니다. 일단은 '허접한데…?'라는 생각이 들어도 괜찮으니 무엇이든 시작해보기 바란다.

가장 먼저 반응 좋은 콘텐츠란 무엇인가에 대해 생각할 필요가 있다. 사실 이건 운영하는 채널의 카테고리에 따라 다를 수밖에 없는데, 기준을 무조건 잘 된 곳으로 두고 따라 할 필요는 없다. 잘 되는 데는 이유가 있겠지만 그 성공 공식이 내게도 적용되리란 법은 없기 때문이다. 그러니 여기서 중요한 건, 잘 되는 콘텐츠의 원리를 파악하기 위한 감을 터득하는 것이 되겠다. 하지만 감이라는 것을 하루아침에 얻을 수는 없는 법이니, 본능적으로 이해가 되기 전까지는 계속 메모하고 적용하면서 자신의 것이 될 때까지 훈련을 거듭할 수밖에는 없다. 잘 되는 콘텐츠들을 참고 정도는 하되, 그보단 이 콘텐츠가 왜 잘 됐는지를 분석하여 그 표본을 다섯 개 열 개씩 모아두고 공통점을 찾아보자. 그리고 그 안에서 발견된 공통점을 내게도 적용하면서 콘텐츠 안에 자연스럽게 반영해보자. 노트나 파일에 따로 모아두고 댓글 반응도 살펴가며, 그리고 '왜'라는 질문에 스스로 답변도 해가며 그렇게 스마트하게 연구하다 보면, 결국 '감'은 나를 찾아올 수밖에 없다.

다음으로는 '하지 말아야 할 것'을 생각해야 할 때다. 반응 좋은 콘텐츠의 기준은 진리마냥 정해져 있는 게 아니다. 좋은 콘텐츠는 독자, 대중, 고객과의 교류속에서 만들어지는 것이지 만드는 이의 기준과 입장에서만 본다면 거기서부터 첫 단추를 잘못 끼운 셈이 된다. 콘텐츠 크리에이터는 일종의 우상과 같은 존재다. 그리고 동경과 사랑은 한 끗 차이다. 마케팅을 연애와 비유하는 경우가 있는데, 난 마치 연애 코칭을 하듯, 그래서 동경을 넘어 사랑을 할 수 있게끔 도와주듯, 좋은 콘텐츠의 기준을 알기 전에 하지 말아야 할 것은 무엇인지에 대해서 먼저 이야기하고자 한다. 마치 이성에게 마음을 얻기 위해 하지 말아야 할 행동이 따로 있는 것처럼 말이다.

1. 자극적인 어그로 콘텐츠

나도 4년간 인스타그램, 유튜브, 틱톡, 블로그 등에서 활동하면서 자극적인 콘텐츠를 안 만들어본 건 아니다. 하지만 욕설이 섞여 있거나, 분쟁이 일어날 만한 것을 주제로 삼거나, 콘텐츠로 인해 누군가 상처 받을 만한 건 최대한 지양하려 늘 애써왔다. 무조건 '나쁜 것이야'라고 말할 수도 없는 노릇이지만, 그래도 꾸준히 오래가려면 기업 이미지나 자신의 이미지를 생각해서라도 피하는 것이 좋다. 물론 유머 채널이나 더빙 등 성향 따라서 욕설이 나오는 경우도 있긴 하지만, 이런 경우는 예외로 두자.

2. 자신만의 감상에 젖은 콘텐츠

자신의 일기를 인스타그램에 적어서 올리는 경우를 종종 본다. 자신만 이해할 수 있는 내용, 설득력이 떨어지는 글, 카드뉴스의 경우 배경 색감 때문에 글이 안 보이거나… 또 새벽 두세 시쯤에 '죽고 싶다'라든가 정말 무의미한 이야기를 콘텐츠로 올리는 경우도 보인다. 이것 역시 상대방을 고려하지 않은 요소 중 하나다. 나만의 감성이 나쁜 건 아니다. 다만 사람들을 위한 콘텐츠가 아닌 아무 의미가 없는 글은 일기장 또는 메모장에 쓰거나 비공개로 하거나, 비공개

계정을 따로 두고 쓰는 게 좋다는 말을 하고 있는 것이다. 부정적인 말이나 푸념, 손가락 끝으로 무의식적으로 터져나온 글을 게시하는 것은 내 얼굴에 침 뱉는 일이 될 수 있다.

3. 지나치게 꾸미는 것

사진과 글을 비롯한 어떤 콘텐츠가 됐든 간에 완성도를 높여가는 건 중요한 일이다. 하지만 인물 사진의 경우 너무 과하게 포토샵을 하거나, 글의 경우 필요이상으로 미사여구를 더하는 건 지양해야 한다. 특히 인스타그램의 경우 콘텐츠를 가볍게 접하는 경우가 많기 때문에 처음에는 쉽게 접근하는 자세가 중요하다. 유튜브, 블로그도 마찬가지라 생각한다. 실력이 검증된 문학가가 형이상학적인 글을 쓰길 원한다고 하더라도, 그들 역시 글을 쓸 때는 항상 읽는 독자를 고려하고 여러 가지 예시를 들어가며 자신이 전하고자 하는 메시지를 풀어서 전달한다. 무엇이든 담백하게, 기본기를 갖추고 난 뒤에, 거기서 더하거나 빼는 것이 중요하다.

일단은 가볍게 세 가지 정도만 말해보았다. 사실 어느 크리에이터든 간에 흰색 도화지 같은 사람은 없을 것이다. 이미 표출하고 싶은 끼와 표현하고 싶은 이야기가 많기 때문에 자기만의 색깔들을 각자가 갖고 있을 것이다. 하지만 그럴수록 격양된 감정을 가라앉히고 냉소적으로 건조한 시선으로 나의 콘텐츠를 바라봐야 할 필요가 있다. 크리에이터는 자신만의 색깔을 지니고만 있는 것에서 멈추지 않고, 그를 드러내거나 여러 형태로 만들어서 보여주는 사람이니까. 어디서 어떻게 어떤 콘텐츠가 각광받을지는 아무도 모르는 일이다. 하지만 단순히 '감'에만 의존해서 나아가는 건 안 될 일이다. 그러면 성장할 가능성이 낮아질 뿐더러 한 번 잘 됐다고 하더라도 그 상승곡선을 유지할 수 없기 때문이다. 나만의 철칙을 정해두고 그곳에서 벗어나지 않도록 늘 애써보도록 하자.

반응 좋은 콘텐츠의
3가지 기준

앞선 글에서는 콘텐츠를 만들 때 하지 말아야 할 것들을 다뤘다. 그리고 이제는 잊지 말아야 할 것에 대해서 말하고자 한다. 사실 여러 사람이 이 책을 읽겠지만, 결국 대부분은 자신의 가치를 글, 사진, 영상을 통해 보여주면서 궁극적으로는 몸값을 높이고 수익을 창출하길 바라는 사람들일 것이다.

돈을 벌어야겠다는 생각만 너무 앞선 나머지, 사람들은 꽤 자주 중요한 것을 놓치곤 한다. 그리고 내가 인스타그램 컨설팅을 하고 수강생분들 앞에서 강의를 할 때마다 항상 얘기하는 건, 조급함을 버려야 한다는 내용이었다. 요즘 이

곳저곳을 둘러보다 보면 1개월, 3개월 만에 월 천만 원 버는 법, 1달 만에 팔로워 1만 명 달성하는 법과 같은 제목의 강의가 심심치 않게 보인다. 마케팅 담당자 입장에서 봤을 때 조금은 자극적인 카피라이팅을 해야만 이목을 끌 수 있다는 건 이해해도, 소비하는 입장에서는 이것들이 가능한 부분인가에 대해 충분히 고려해야만 한다. 미디어에는 워낙 잘 된 사람에 대한 이야기가 많다. 그러다보니 나도 괜히 마음만 급해지고 빠르게 가야만 할 것 같아 요행을 바라기도 하는 마음, 하루아침에 커다란 결과가 돌아오길 바라는 마음, 충분히 이해한다.

내가 인스타그램에 콘텐츠를 올리기 시작했던 게 2017년도부터였다. 그리고 오 년도 훌쩍 지난 지금에 와서야 어디 가서 겨우 명함을 내밀 수 있을 정도의 수준이 됐다. 정말 하기로 마음먹었으면 몇 개월, 몇 년 간은 꾸준히 한다는 마음으로 시작해야 한다. 내 인생의 업業을 하나 늘리는 것이라고 생각하면 이해하기 쉬울 것이다. 초반에는 잘 모르겠고 어려워서 그만두고 싶은 순간이 올 수도 있지만, 이렇게 만들어놓은 당신의 업은 책 출간, 기업 출강, 강연, 행사, 콜라보, 광고 등 수많은 기회를 가져다줄 것이다. 무엇보다 당신이 굳이 스스로 소개하지 않아도 채널 하나만으로 명함, 포토폴리오를 대체할 수도 있게 될 것이다. 또 무일푼으로도 시작할 수 있으니 리스크도 거의 없다고 생각하면 된다. 사실상 하지 않을 이유가 없는 것이다. 그렇다면 과연 돈을 벌어야겠다고 마음먹었을 때, 그리고 반응 좋은 콘텐츠를 만들겠다고 결심했을 때, 잊지 말아야 할 중요한 마음가짐들에는 무엇이 있을까?

1. 반드시 폭발적인 반응을 얻어야 한다는 생각은 버릴 것

인생이 그런 것처럼, 콘텐츠도 마찬가지로 늘 폭발적인 반응만을 얻을 수는 없다. 어쩌다 한 번 평소보다 반응이 몇 배 더 좋으면 그보다 기분 좋은 일은 없겠지만, 그것이 계속 이어질 수 있을 거란 생각을 하기 시작하면 그때부턴 일희일비만 거듭하게 된다. 반응 하나하나에 민감하게 반응하기 시작하면서, 괴로운 나날만 보내게 되는 것이다. 뻔하지만, 답은 꾸준함이다. 이것말고는 설명할 길이 없다. 손힘찬 인스타그램(@ogata_marito)에는 게시글이 5,000개 이상 올라가 있다. 지금도 그렇지만, 앞으로도 콘텐츠 반응의 빈부격차는 반드시 발생할 수밖에 없다. 그럼에도 이를 평균값으로 맞추려 노력하고 또 오래오래 살아남을 수 있도록, 더

디더라도 조금씩 발전하는 모습을 보여드리는 것이 내가 할 수 있는 최선일 것이다.

2. 다수에게 노출되는 것도 중요하지만, 사실 더 중요한 건 소수다

반응 좋은 콘텐츠를 지향하는 건 좋지만, 집착까진 안 했으면 한다. 집요하게 파고들어 분석하는 건 훌륭한 스탠스지만 이로 인해 자신의 감정마저 갉아먹지는 않았으면 하는 것이다. 정말 중요하게 생각해야 하는 건 내 콘텐츠를 꾸준히 봐주는 팔로워분들이다. 이들은 숫자가 아닌 한 인격체, 콘텐츠를 발행하는 당신과 같은 한 사람이다. 그리고 이들은 당신이 신의를 잃지 않고 늘 보답하려고 하는 모습에서 진정성을 느끼고, 그 믿음을 기반으로 당신의 상품을 사거나, 우리들의 스토리에 대해서도 궁금해하게 되는 것이다. 팬이라는 존재들은 그러한 꾸준한 정서적 교류를 통해서만 곁에 둘 수 있는 법이다. 인간관계에서 내가 아끼고 사랑하는 사람을 먼저 챙기듯, 꾸준히 나의 글을 봐주는 사람에게 보답하려고 노력하자.

3. 공감, 공감, 공감

공감이란 남의 감정, 의견, 주장 따위에 대하여 자기도 그렇다고 느낌, 또는 그렇게 느끼는 기분이라고 한다. 그리고 어떤 관계에서든 이 공감이 가장 중요한 법이다. 상대가 빠진 상태에서 나 혼자 얘기하는 건 혼잣말에 불과하다. 먼저 나의 콘텐츠를 보는 사람, 그리고 앞으로 보게 될지도 모를 사람들의 인식을 이해할 필요가 있다. 어느정도는 일상적인 말을 쓰거나 너무 어려운 말을 피하거나, 앞장에서처럼 나만 이해할 수 있는 일기를 쓰는 일은 피해야 할 것이다. 글이나 말로 설명할 때 간과하는 건 내가 알고 있는 것을 상대도 알고 있을 거라는 근거 없는 자신감에서 비롯된다. 충분히 나의 배경을 설명하지 않으면 상대는 모른다. 이 책에서도 초반부에 내가 어떤 사람이었는지를 이야기했기에 그 다음 내용들을 전달할 수 있었듯, 충분히 사람들이 나의 콘텐츠에 공감하고 있는지 그 감정을 헤아리는 연습이 우선이다.

이것저것 재고 따지기 전에 '일단은 하는 것'도 물론 정말 중요하지만, 나만의 확실한 태도와 방법을 정해두고 작업과 업무에 임하는 것 역시 간과해서는 안 된다. 위의 세 가지 태도 말고도 사람에 따라 잊지 말아야 할 마음가짐은 많을 것

이다. 스스로를 자주 덜렁댄다고 여기는 사람이 중요한 것
들을 잊지 않기 위해 메모하는 습관을 들이는 것, 한 가지에
만 집중하곤 하는 사람이 의식적으로 모든 것을 넓고 다르
게 보려 하는 것 역시 각자만의 잊지 말아야 할 태도들이 될
수 있을 것이다.

비즈니스 미팅에서 말아야 할 것

어느 정도 콘텐츠가 쌓이고 제법 많은 이에게 당신의 가치가 노출될 무렵, 당신은 생각지 못한 기회를 얻게 될 것이다. 다이렉트 메시지, 쪽지, 비즈니스 섹션에 열어둔 이메일 등을 통해서 말이다.

"안녕하세요 ○○○님… 매번 피드에서 콘텐츠 잘 보고 있습니다. 다름 아니라~"

이것은 광고 문의가 될 수도 있고, 협찬이 될 수 있고, 콜라보 제안이 될 수도 있다. 초창기에는 어떤 기회가 왔을 때 무조건 미팅해보는 걸 추천한다(물론 신변이 불확실한 자리는 제외한다). 난 따로 교육을 받고 스피치를 배워본 적은 없으나 여러 유형의 대표, 팀장, 과장, 인플루언서와의 미팅을 하다 보니 몇몇 공통점을 깨달을 수 있었다. 그런 이들과의 미팅은 대부분 목적성이 확실한 자리인 경우가 많다. 협찬의 경우 미팅까지 자리를 가지는 경우는 없지만, 광고 진행 의사나 콜라보 진행을 할 때는 얼굴을 보고 대화해야 할 때가 많다.

그때마다 상대방의 눈을 제대로 보며 대화하는 것이 중요하다. 말을 잘하지 못하더라도 상대의 눈을 제대로 응시만 해도 자신감이 없어 보이는 일은 없다. 클라이언트나 거래처가 될 수 있는 업계 상대에게는 기세에서 밀리지 말아야 한다. 언제나 눈을 똑바로 응시하며 경청한다. 그 다음에 그가 어떤 니즈를 갖고 있는지 끊임없이 파악하며 내가 그것을 가진 사람이라는 것을 어필한다. 피드에서 보여준 모습이 전부가 아니라, 끊임없이 연구하면서 만들어낸 무언가가 더 있다는 것을 많이 보여줄수록 좋다. 또한 이런저런 것들을 설명하면서 내가 하고 있는 일들에 애정과 장인정신을 가지며 임한다는 모습을 보여야 한다. 보통 내가 가진 채널이나 영향력에 관심 있는 클라이언트는 '나'를 외주 업체로서 컨택한 건데 마케팅력을 기대하기도 하면서 일을 맡겨도 탈이 없는지, 아니면 아예 마케팅을 위임하기 위한 목적도 있으니 충분히 신뢰가 있는 사람이라는 것을 어필해야 하기 때문이다.

처음엔 생각만큼 내 의사가 전달되지 않을 수도 있다. 사람은 완벽할 수 없으니 당연히 그럴 수 있다. 하지만 내가 드러난 모습 외에 더 많은 가치를 지닌 사람이라는 걸 만남이 있을 때마다 보여줄 만한 역량도 꾸준히 개발해야 한다. 마치 비장의 무기처럼 말이다. 내가 보여준 모습 말고도 더 뛰어난 능력을 가지고 있음을 의도적으로 숨겨놓다가 미팅 때 이를 자연스럽게 보여주는 일. 예를 들어 나도 작가로서 포지션이 확실하지만, 출판사 사장이라는 직무에 있어서도 그에 걸맞는 실무 역량이나 기획 능력, 출간 가능성 여부 등 판단할 수 있는 능력이 더 있다는 것을 보여주는 일은 상대방의 신뢰를 높일 수 있는 열쇠가 되어준다.

물론 이 모든 건 내가 '할 수 있는 일'이어야만 한다. 못하는데도 아는 척하는 것은 지양해야 한다. 무엇이든 처음에는 내가 손해를 보더라도 먼 훗날을 기약하며 비교적 저렴

한 가격으로 서비스를 제공하는 것이 낫다. 그렇게 받은 금액보다 훨씬 높은 가치 창출을 하면 좋은 후기가 돌아오고, 이후에도 사람들은 당신을 찾을 수밖에 없게 되는 것이다. 그리고 훌륭한 성과는 다시 내게 좋은 포토폴리오로 남아준다. 다른 업체와 거래 또는 협상할 때 확실한 결과물은 나를 갑의 위치로 바꿔 줄 도구가 되어줄 것이다.

마지막으로 심리학에서 말하는 '조명효과'에 대해 소개하고 마치겠다. 미국 코넬 대학교의 심리학자 토머스 길로비치가 제안한 심리학 이론이다. 대부분의 인간은 언제나 자신을 무대 위에서 주목받는 가수, 배우처럼 사람들에게 주목받고 있다고 생각한다고 한다. 즉 세상의 주인공이라 생각하는 경향이 있다는 것인데, 이는 당연한 일이라 생각한다. 사람은 누구나 특별한 대우를 받고 싶어하니 말이다. 그럼에도 잊지 말아야 할 건, 사람들은 생각보다 당신에 대해 잘 모를 수도 있다는 점이고 아예 관심 밖에 둘 수도 있다는 점이다. 인지도가 적을수록 더더욱 말이다. 이럴 때 나의 진가를 보여주는 건 화려한 말이나 주장만으로 끝내는 게 아니라, 내가 당신과 함께 하는 비즈니스를 잘할 수 있는 인간이라는 걸 솔직하게 말하는 것, 할 수 있는 것과 하지 못하는 부분에 대해 정확히 얘기하는 것이다. 관념적으로 당신을 이해하는 사람에게 정확한 표현과 내공을 보여준다면, 상대방은 내가 어떤 사람인지 알게 되는 것은 물론, 그 이상의 잠재력을 지닌 이라는 것을 이해하고 당신의 가능성에 흔쾌히 투자하게 될지도 모르는 일이다.

나의 콘텐츠 인사이트 분석하는 방법

자신만의 창작물들이 각각의 콘텐츠가 된다는 점에서, 모든 창작자는 예술가라고 할 수 있다. 한 가지 알아야 할 건 모든 창작물은 내 품을 떠나는 순간 그 판단의 몫이 대중에게 맡겨진다는 점이다. 콘텐츠도 마찬가지다. 발행하기 전까지 어마어마한 고충과 고뇌 끝에 만들어냈다 할지라도, 그게 업로드 되는 순간 그 고충과 고뇌는 끝이다. 그 다음에는 냉정한 판단을 기다려야 할 뿐이다. 그리고 그 결과값을 볼 수 있는 게 바로 인사이트다.

인스타그램의 경우 좋아요, 댓글, 공유, 저장이 골고루 나와야 나의 콘텐츠가 돋보기 모양의 '탐색 탭'에 노출될 수 있다. 유튜브에서 '알고리즘 떡상'에 대한 얘기가 나오곤 하는데 이와 비슷한 원리다. 넷플릭스나 왓챠에서 나의 관심사에 따라 영상을 추천해주듯 나의 콘텐츠가 '탐색 탭'에 뜬다는 건 그 사람의 관심사를 기반으로 내 콘텐츠가 추천되고 있다는 뜻이기도 하다. 한 번 테스트 삼아서 인스타그램에 들어간 다음 돋보기 모양을 눌러보기 바란다. 차에 관심이 많다면 차에 관한 콘텐츠가, 인테리어에 관심이 많다면 무수히 많은 공간의 사진이나 영상 등이 보일 것이다. '100% 이것이 맞다'라고 주장할 수는 없어도, 그때부터 우리는 최소한 어떠한 원리로 인해서 이 플랫폼이 돌아가는 것인지는 유추할 수 있게 된다. 사람들은 모두 자신이 관심 있는 것들 위주로 접하려는 경향이 있으니 인스타그램 플랫폼에서도 이용자가 접하는 콘텐츠와 유사한 것을 노출시켜주려 하는 것이다. 자신들의 플랫폼에 이용자가 오랫동안 머물 수 있도록 두어야 유저들이 그 안에서 소비도 하고 활발하게 활동할 수도 있기 때문이다.

나 역시도 늘 이 본질을 파악하고 따르는 일을 게을리하지 않았다. 만화에서 다음 화를 기대하게 만드는 것도 기다리게 하기 위함이고 드라마도 마지막 때 충격적인 장면으로 마무리되는 이유는 마찬가지로 다음 화를 기다리게 하기 위함이다. 트렌드의 변화는 있었어도 인간의 니즈는 변함이 없다. 좀 더 자극적인 걸 찾거나, 재밌는 걸 찾거나, 좋은 글과 정보를 찾을 뿐이다. 그렇다면 시간이 지나도 변하지 않는 '나의 콘텐츠의 반응 분석법'에는 무엇이 있을까. 앞으로도 변하지 않을 인간의 본성을 바탕으로 이야기하겠다.

1. 현실을 반영하지만, 조금의 과장 더하기

2017년, 2018년부터 지금까지 인스타그램에서 예쁘고 잘생긴 사람이 많아 보이는 이유 중 하나는 보정의 효과나 사진 기술이 한 몫 했기 때문일 것이다. 실제로 외모가 출중한 사람도 많겠지만 말이다. 보정을 하면서 외모를 더 돋보이게 하는 건 남들에게 더욱 잘 보이고자 하는 욕망에서 비롯된 것이다. 안에 있는 포장지, 내용도 중요하지만 겉으로 보여지는 포장지 역시 중요하다. 그 포장지는 정보성 콘텐츠인 경우 카피라이팅 문구가 그 역할을 할 것이고 인물 사진의 경우 구도가 잘 잡히며 눈에 확 들어오는 모습이어야만 할 것이다. 앞서 말한 것들이 추상적으로 와 닿는다면 당장 SNS를 켜서 압도적으로 1등을 하고 있는 사람과 중간 정도 하는 사람, 나보다 조금 더 잘하는 사람의 콘텐츠를 한 번 분석해서 보길 바란다.

정보성 콘텐츠를 하나 예로 들겠다. 잘 만드는 사람의 경우, "한국인이 99% 몰랐던 인생 레전드 꿀팁, 24시간 만에 콘텐츠 삭제 예정"과 같은 식으로 제목을 지을 것이다. 그러면 평범한 조언이라 할지라도 과장이 더해져서 어떤 사람은 "어그로 끌지마세요"라고 할지 모르겠지만, 이목을 충분히 당길 수 있다는 효과도 있을 것이다. 물론 과장을 심하게 하면 사람들의 부정적인 인식이 쌓일 수 있으니 적당한 수준을 유지하는 것이 중요하다. 너무 많이 수용해서도 안되는 것이다.

2. 가상의 구독자에 빙의하여 끝도 없이 분석하라

인스타그램이나 유튜브를 보면 나의 콘텐츠를 구독하는 사람들의 연령층이 뜬다. 여기서 중요한 건 나이대나 연령별로 구분 지어서 '아, 난 20대 초반의 여성 구독자가 많구나'라고 단정 짓고 끝낼 게 아니라 그들의 성향까지 유추해야 한다는 점이다. 만약 당신이 입시 컨설턴트이고 주기적으로 자기소개서나 대학교 입시 정보를 제공했다면 구독자

층은 10대 남성·여성들이 많을 것이고 이들은 대부분 학업에 관심이 많을 것이다. 나의 콘텐츠가 어떤 카테고리의 콘텐츠를 발행하느냐에 따라 관심사가 세분화될 수 있다는 말이다. 이들의 니즈를 파악하는 것이 바로 당신의 콘텐츠 반응도를 높이는 지름길이다.

3. 눈 앞에 있다고 생각하며 소통하라

콘텐츠를 발행하는 사람 입장에서는 그를 실제로 접하는 사람들이 보이지 않으니 잊어버리기가 쉽지만, 당신을 구독하고 팔로우하는 사람은 실제로 존재하는 사람이다. 그리고 그들은 아무 이유 없이 당신을 팔로우한 게 아니다. 호감이 있어 팔로우했을 수도 있고, 의무적으로 했을 수도 있다. 그게 무엇이 됐건 무언가를 얻고자 하는 의도가 있었던 것이다. 그렇게 이들과 질문, 답변을 주고받고 라이브 방송하면서 소통하고 댓글 달고 좋아요를 누르는 건, 우리가 면대면으로 만나서 대화하는 것과 같은 일이라고 할 수 있다. 당신의 콘텐츠를 보는 사람들은 기계가 아니라 실존하는 사람들이다. 옆집 이웃일지도 모른다. 이 사실을 마음속에 새겨 두며 당신의 생각을 끊임없이 들려주기 바란다.

4. 좋아요는 표시, 댓글은 참여도, 높은 반응도는 대중성이다

좋아요가 많다고 무조건 좋은 건 아니다. 인위적으로 조작할 수도 있고 그저 의미 없이 누른 것일 수도 있기 때문이다. 그렇기에 난 좋아요 숫자는 단순히 '표시'했다고밖에 판단하지 않는다. '그래도 볼 만했다'라는 뜻이거나 아무 의미도 없이 누른 표시 정도로 생각하는 것이다. 그럼 댓글은 무엇일까. 관심 보인 콘텐츠 혹은 해당 크리에이터에 대한 애정이다. 콘텐츠의 좋아요나 조회수는 높지만 상대적으로 댓글이 적은 채널은 또는 크리에이터는 콘크리트 팬층, 즉 충성도가 높은 구독자가 적은 경우가 많다. 반대로 조회수나 좋아요 등 반응도는 저조해 보여도 댓글이 많은 경우는 그만큼 크리에이터에게 호감을 느끼거나 콘텐츠의 매력을 느껴서 댓글을 남기는 것이다. 반응이 높을수록 대중성이 높겠지만 그 노출량은 1회성에 그치거나 사람들 입장에서 '한 번쯤 SNS에서 봤을 법한 콘텐츠'로 남겨질 가능성이 높다. 어디선가 본 기억은 나지만 시간이 지나면 잊힐 수도 있는 것이다. 그렇기에 우린 지속적으로 사람들이 크리에이터 자체에 관심을 가질 만한 콘텐츠를 만들기 위한 매력도를 키워야 한다. 특유의 제스처, 말투, 구독자층을 부르는 호칭,

나름의 유행어 등 활용해서 기억에 남을 만한 인물이 되어야 한다.

대중성이 높다고 오랫동안 살아남을 수 있는 건 아니다. 이를 대체할 수 있는 크리에이터는 끊임없이 나타나기 때문이다. 내가 평범한 일상을 올리더라도 이에 관심을 가져주는 사람이 많냐 적냐에 따라, 당신의 영향력과 콘텐츠의 반응도에 대한 냉정한 평가가 이루어진다는 것을 잊지 말기 바란다.

이렇게 간단하게나마 인사이트를 분석하는 법을 알아봤다. 앞을 보고 열심히 달리는 것도 중요하지만, 그만큼이나 중요한 것이 바로 한 번씩 멈춰서 걸어온 길을 돌아보는 일이라고 생각한다. 내가 잘하고 있는 것은 무엇이며 부족한 것은 무엇이었는지. 그 부족함을 보완하기 위해선 앞으로 어떤 일을 더 하고 또 덜 하면 좋을지를 진지하게 생각해보자. 그러한 시간들이 결국 당신을 건강한 창작자로 만들어 줄 것이다.

돈이 따라오는 방법, '통찰의 표본을 넓혀라'

로버트 콜리어는 "당신이 파는 물건을 연구하는 것보다 더 먼저 해야 할 일은 당신이 팔려고 하는 그 물건을 사줄 사람을 연구하는 것이다"라고 주장한 바가 있다. 내가 무엇을 팔든, 어떤 콘텐츠를 만들든 간에 반드시 해야 할 건 내가 전문적으로 몸담고 있는 분야에서만 노력하는 것을 넘어서 다양한 분야를 이해하고 그를 기반으로 내 가치를 소비해줄 사람에 대한 이해도를 높여가는 일이라는 말이다.

먼저 사람들이 어떤 콘텐츠, 상품, 카피라이팅에 반응하는지에 대한 표본을 당신의 머릿속에 만들어두고, 거기에서부터 활동을 점점 확장해 나가는 것이 중요하다. 사람은 누구나 자기중심적으로 생각하는 성향을 지녔기 때문에, 일을 하고 콘텐츠를 만들다 보면 어쩔 수 없이 자신만의 프레임에 갇히기 십상이다. 그러다 보면 때로는 합리적이지 못한 생각과 작업을 하게 되는데, 그렇기에 어떤 콘텐츠의 반응도가 높은지에 관한 정보와 어떤 상품을 런칭했을 때 잘 판매가 이루어지는지에 대한 경험값을 직/간접적으로 누적해 나가는 것이 중요한 것이다.

그런 의미에서 제목에서 말한 '통찰의 표본을 넓힌다'는 건, 사람의 특성과 성격, 성향, 욕망까지 이해한 것을 지금 아는 것에서 그치지 않고 계속 확장해 나가는 것을 말한다. '이성에게 마음을 얻는 방법'을 예로 들어보겠다. 이성으로부터 호감을 얻는 방법을 단순히 진중한 모습을 보여주는 것이라고만 알고 있다든가 다정다감하게 대하는 것이라고만 알고 있다면, 내가 발행하는 콘텐츠도 그 이상의 통찰이 담긴 퀄리티를 기대하기는 어렵다. 하지만 '하지 말아야 할 행동', '피해야 할 옷 스타일', '연락할 때 쓰지 말아야 할 말투' 등, 이성의 마음을 얻는 방법을 다각도로 이해하고 그를 콘텐츠에 녹여낼 수 있게 되면, 그때부턴 콘텐츠를 발행하는데 있어 더 대중을 고려하는 단계에 진입할 수 있게 된다.

　그렇다면 내 지금의 통찰 수준을 알아야 그를 넓히는 것도 가능할 텐데, 이건 어떻게 알 수 있을까? 방법은 간단하다. 사람들의 니즈를 파악하는 데에서부터 시작해서 실제로 자주 고민하는 부분이 무엇인지와 같은 것들을 하나부터 열까지 적어보면서 나열해보는 것이다. 그리고 내가 아는 것을 모두 적고 난 뒤에 더 이상 무언가 나오지 않는다면, 바로 그때 당신의 통찰 표본을 알 수 있게 된다. '사람들이 관심 가질만한 콘텐츠에 대한 내 통찰 표본은 여기까지구나'와 같이 생각할 수 있게 되는 것이다. 아마 한없이 부족할 것이다. 그리고 깨닫게 될 것이다. 끊임없이 콘텐츠가 쏟아지는 이 세상에서, 통찰의 표본을 넓히지 못하면 내가 열심히 만든 자식과도 같은 작품들이 온라인 저 너머의 어딘가로 조용히 사라져버리고 말 거라고. '그래, 내가 가진 통찰의 표본을 넓혀야 한다는 건 알겠어. 그럼 그걸 어떻게 하면 되는데?' 그런 의문이 들 수 있으니, 지금부터 간단한 방법을 알려주고자 한다.

콘텐츠를 만들고자 하는 사람이라면 분야를 가리지 않고 다 '봐야' 한다. 내가 접하는 콘텐츠, 보고 싶은 콘텐츠들만 보다 보면, 나의 시야는 반드시 그 안에 갇히고 마는데, 그 순간 내 콘텐츠는 알게 모르게 중복되는 내용만을 담게 되고 신선함은 그 안에 갇혀서 떨어질 수밖에 없게 된다. 세상에 유통되는 카드뉴스와 영상 모두를 볼 필요는 없지만 (그럴 수도 없겠지만), 궁금한 키워드를 계속 찾아보면서, 가능하다면 소리 내어 읽으면서, 시간이 없을 땐 빠르게 넘겨서라도 보면서 계속 당신의 머릿속 데이터베이스를 쌓아야 한다.

예능과 드라마, 역사와 인문학, 철학, 심리학 등의 모든 카테고리를 접하다 보면 말 그대로 넓고 얕은 지식이 형성되면서 크리에이터로서 최적화된 두뇌를 갖게 될 것이다. 반복적으로 창의성이 필요한 이 직군에서는 한 분야를 깊게 아는 것도 중요하지만, 이를 응용하며 두 가지 이상의 가지 주제를 섞어서 콘텐츠로 만드는 것으로 새로움을 더하는 것에서 승부가 갈린다. 예컨대 '셜록현준' 유튜브 채널을 운영하는 건축가이자 대학교수인 유현준 교수가 '오징어게임은 사실 기하학 게임입니다'라는 말과 함께 넷플릭스에서 히트 쳤던 〈오징어게임〉을 공간학 관점에서 풀어서 전하니, 이를 접한 네티즌들이 "역시 아는 만큼 보이는군요"라며 감탄들을 했던 것처럼 말이다. 내가 아는 유현준 교수님은 거의 모든 분야에 흥미를 갖고 그를 보고 읽고, 나아가 탐닉하는 수준으로까지 몰입하는 분이시다. 당장 그분의 인스타그램에 들어가보기만 해도 알 수 있다. 그때그때 유행하는 작품들을 보고 느낀 점을 팔로워들에게 거의 매일같이 공유하는 것을 볼 수 있다. 그분이 그토록 참신한 콘텐츠를 만들고 카피라이팅을 할 수 있었던 것도, 그만큼이나 보고 읽고 낭독하는 일을 게을리하지 않으셨기 때문일 것이다.

2. 쓰고 말하고 전하라

아무리 많은 정보를 알고 있다고 할지라도 그를 전달하지 못하면 무용지물이다. 그러니 우리는 언제나 쓰고 말하는 일을 게을리해서는 안 된다. 글쓰기라는 활동을 대본을 만들 때나 카드뉴스를 쓸 때도 진지하게 행해야겠지만, 평소 일상생활에서도, 또 자신의 생각을 간단히 정리할 때도 습관적으로 사용해주어야 한다. 아무리 접한 것이 머릿속에 쌓여 있다고 하더라도 이를 적재적소에 활용하지 못하면

죽은 지식이나 다름없기 때문이고, 표현하는 습관을 들여놓아야만 그것들을 일부라도 타인에게 전달할 수 있기 때문이다. 통찰을 넓히는 법 1번, '보고 읽고 낭독하기'를 실천했다면, 이제는 2번, '쓰고 말하고 전달하기'를 통해 완전히 당신의 것으로 만들어야 하는 것이다.

물론 처음에는 내가 무슨 말을 하는 건지도 모를 정도로 횡설수설할 수도 있다. 쓸데없는 부분에서 대명사나 추임새를 남발할 수도 있고 10분이면 전달할 내용을 30분 동안 이야기한다거나 글을 쓸 때도 불필요한 이야기들을 모조리 담아내 글이 지나치게 길어질 수도 있다. 하지만 괜찮다. 모든 분야의 전문가가 그런 것처럼, 어리숙했던 때를 거쳐야만 비로소 전문적인 수준에 도달할 수 있는 것일 테니까. 복싱을 배울 때도 처음부터 훅이나 스파링 요령부터 배우는 게 아니라 기초체력부터 단련하는 것처럼, 이러한 활동들 역시 내가 확실한 재미와 정보, 조언을 건네기 위한 연습과정이라 생각하면 마음이 편해질 것이다.

3. 본질에 집중하라

"좋은 브랜드를 만들려면 주체가 가지고 있는 '본질'에 주목해야 한다. 제품이라면 제품력이 기본이 되어야 하고, 사람이라면 가지고 있는 실력이 담보돼야 한다. 기본도 갖춰져 있지 않은 상태에서 있지도 않은 사실을 만들어내거나 얼토당토않은 이야기를 만들어 이슈를 끌려 한다면, 조금이라도 원래 가지고 있던 본질이 드러나는 순간 모든 게 끝나버린다. 방송이나 인터넷 등에서 엄청난 맛집으로 소개되어 승승장구하던 식당들이 하루아침에 폐업해버리는 일들이 비일비재한 이유가 여기에 있다. 그들이 한 가장 큰 실수는 손님을 끌 수 있는 광고 전략을 세우기 전에 찾아온 손님들이 다시 찾아올 수 있도록 만들 수 있는 '맛'에 집중하지 않은 탓이다."

- 국도형의 『퍼스트 브랜딩』 중에서

내가 말하고자 하는 '본질에 집중하라'는 내용도 이 범주 안에 해당된다고 말하고 싶다. 잘 되는 것도 중요하고 마케팅을 잘해서 내가 운영하는 채널의 트래픽을 늘리는 것 역시 놓쳐선 안 된다. 단 그것이 껍데기에 불과하다면 그건 사람들에게 눈속임하는 것에 지나지 않는다. 진실된 것은 듣기 좋은 말이나 입에 발린 말만 하는 게 아니라 내가 할 수 있는 것과 할 수 없는 것을 알고 부풀리지 않는 것을 말한다. 내가 당장 실력이 없고 기대치에 못 미친다면, 그걸 그럴듯하게 포장할 게 아니라 훈련과 공부를 반복하고 인격을 꾸준히 쌓아 올리는 것을 먼저 해내야 한다. 부족한 부분은 과감하게 수용하고 아는 건 확실하게 말하되 동시에 언행을 신경 쓰는 일을 최우선의 미덕으로 삼자. 거짓된 모습으로 포장을 아무리 더한다 해도 가짜는 가짜다. 그리고 그 껍질이 벗겨지는 건 늘 그렇듯 시간 문제다.

통찰력을 높이기 위해선 이러한 자기 객관화가 분명히 선행되어야 한다. 제대로 알지도 못하면서 그럴싸한 말로 현혹하는 건 위험한 행위다. 앞서 말한 읽고 보고 접하는 것과 말하고 쓰고 전하는 일을 할 때도 내가 이해하는 범주를 정확히 인지한 다음에 아는 것은 더하고 모르는 것은 빼야 한다. 오히려 그렇게 했을 때 당신이 실제로 하는 말이나 만들어진 콘텐츠에서 사람들은 신의를 느껴 신뢰받게 될 것이다. 모래성은 쌓아봐야 금방 무너진다. 우리, 정신적 내구성을 기르며 보다 다음 스텝으로 착실하게 올라가는 진짜가 되어보자.

아는 만큼 보인다는 말이 있듯, 법고창신法古創新, 옛것에 토대를 두되 변화할 줄 알고 근본을 잃지 않는 것. 조급하지 않아야 하는 이유가 여기에 있다. 내가 부러워하는 크리에이터처럼 내가 되지 않은 건 내가 부족한 게 아니라 통찰력의 표본이 아직 좁기 때문이다. 내가 아는 것이 많다면 이제 이를 재밌고 이해하기 쉽게 전달하는 법을 익혀가야 한다. 예상치 못한 곳에서 아이디어를 얻는 우리 두뇌 마냥, 수많은 콘텐츠를 접하는 대중 역시 당신의 고도의 훈련을 토대로 발현되는 인사이트를 통해 깨닫고 얻을 것을 얻어가며 기뻐하는 모습을 상상해보라. 가진 게 없어도, 부족 하더라도 통찰의 표본을 넓히는 것만으로 팔로워 1만 명은 아주 쉽게 갈 수 있다. 사람에 대해 공부하고 또 그만한 메시지를 전달할 수 있는 그릇이 되어가려 노력한다면 상승곡선은 시간이 지난 뒤 성장한 당신이 이루게 될 것이다.

CHAPTER 4

이제 당신이
날아오를 시간

온라인 콘텐츠 창작자를
입문하는 당신을 위한 조언

1. 경각심을 가져라

지금부터 콘텐츠를 만든 지 얼마 안 된 초심자분들에게 모든 채널에서 통용되는 원리를 알려주려고 한다. 사실 조금만 검색해봐도 모든 플랫폼에서 채널 만드는 법, 운영하는 방법, 알고리즘 노출 원리 등의 양질의 정보를 찾아볼 수 있는 탓에 '몰라서 하지 못한다'는 말은 나올 수가 없다. '콘텐츠 만드는 법', '유튜브 구독자 늘리는 법', '인스타그램 팔로워 늘리는 법', '블로그 상위 노출시키는 법' 같은 실질적이고도 도움이 될 만한 정보들도 검색만 잘하면 충분히 찾아볼 수 있는 세상이다. 다만 그러한 방법을 찾아보고 이론을 공부하기보단, 일단 실전에 들어가서 무엇이든 실천해보는 걸 추천한다. 인스타그램이라면 사진 한 장 찍어서 올려보거나, 유튜브라면 영상을 대충이라도 한번 찍어서 올려보는 것이다. 당신이 알고 있는 크리에이터들도 처음부터 압도적인 수의 구독자와 팔로워를 보유하거나 글을 천부적으로 잘 썼던 게 아니다. 나도 처음에는 회사에서 인스타그램 관리를 맡으면서 혼자 콘텐츠를 만들고 자료도 찾아보고 계정 분석도 해보면서 감을 터득했던 것이다.

그런데 이렇게 정보가 많고 흘러 넘치는 데에도 불구하고 왜 대부분의 사람들은 하지 않는 것일까. 이탈리아 인구의 20%가 이탈리아 전체 부의 80%를 소유한다는 말이 있다. 경제학자 빌프레도 파레토가 주장한, 조직을 이끄는 핵심 인재는 100%의 직원 중 고작 20%에 해당한다는 이론이다. 이는 단순히 8의 사람이 평범하고, 2의 사람이 특출나다는 이야기를 하기 위함이 아니다. 콘텐츠 디렉터 1호로서의 관점에서 보면, 대부분의 사람은 콘텐츠를 소비 및 시청만 하는 사람일 것이다. 그리고 나머지 2할은 콘텐츠 크리에이터로서 활동함과 동시에 콘텐츠를 소비하는 사람들이다. 즉 우리는 이 2할의 안에 들어가야 한다는 말이다. 그렇다면 이

2할에 해당되는 사람들이 되려면 어떻게 해야 할까. 무엇보다 다가올 위험에 대비하는 것이 중요하다. 두 눈을 뜨며 멀뚱히 가만히 있는 게 아닌, 해야만 한다는 위기의식이 자각되어 있어야 하는 것이다. 뼈와 살로 무언가를 일구어 내고 그것들이 곧 돈이 되는 시대는 멸망하고 있다. 그리고 그 자리를 이제는 문화가 대체하기 시작했다. 끝도 없이 쏟아지는 장르와 즐길거리들이 경쟁하는 시대가 왔다. 우리가 가져야 할 감정은 경각심이다. 평범하기 때문에 못하는 게 아닌 그 평범함이 콘텐츠로 인해 비범한 존재가 될 수 있다는 자신감을 품음과 동시에 내가 가진 재능을 그대로 두면 노동의 가치가 떨어진다는 경각심이 갖지 않으면 세상에서 살아남을 수가 없다.

그러니 일단 플랫폼 시장에 뛰어들면서 조금이나마 감을 잡아보자. 코로나 펜데믹 시대를 맞아 온라인 강의 플랫폼이 활성화된 덕에 많은 사람들이 양질의 정보를 쉽게 접할 수 있다. 물론 구글과 네이버, 유튜브에 검색만 해도 정보는 많다. 하지만 그 탓에 실천하지 않고 정보만 머릿속에 쌓이는 경우가 많아져 버렸다. 일단 해봐야 한다. 콘텐츠를 만들어라. 간단하다. 콘텐츠 제작은 곧 내 상상력을 현실로 만드는 일이다. 여기서 말하는 상상력이란 AI기계 개발이나, 영화를 만드는 일, 화성에 가겠다는 다짐과 같은 거창한 것을 말하는 게 아니다. 이세상에 완전히 새롭고 창의적인 건 없다. 그렇기에 당신이 고민해봤을 내용, 한 번쯤 해봤을 상상이 다른 누군가가 생각해봤을 법한 내용이 될 수 있다는 것이다. 쉽게 말해서 "아침에 일어난 직후는 왜 이렇게 피곤할까?", "왜 꿈은 일어나면 기억이 안 날까?"와 같은 것들도 콘텐츠가 될 수 있다. 콘텐츠를 만들 때 알아야 할 건, 이런 식으로 '소비할 수 있는 것'이어야 한다는 점이다. 수요와 공급의 법칙처럼 공급이 될 수 있는 콘텐츠는 곧 수요, 즉 우리가 불편함이나 평소 들었던 생각, 감성, 위로, 지식, 재미, 감동, 오락, 자극적인 것 등 모두 포함될 수 있는 것이 된다. 시간을 내서 볼 만한 내용이면 모든 것이 콘텐츠가 된다. 이론을 실전에 적용하려면 내 안에 그만한 경험치가 있어야 소화할 수 있다. 이 책을 읽는 독자님은 이미 수많은 정보가 있을 수 있고 혹은 아예 지식이 없을 수도 있다. 그래도 괜찮다. 하지만 이 감정, 경각심만은 기억해줬으면 좋겠다. 세상의 모든 가치관이 문화 위주로, 상상력을 기반으로 한 콘텐츠로 위주로 대체되기 시작했음을 인지하고 미디어와 우리의 일상을 곰곰이 들여다보며 긴장할 필요가 있다. 겁주려는 게 아니다. 지금 당장 시작해야 한다는 말 역시 당신이 듣기에 이미 늦은 거 아니냐고 생각할 수 있지만 아니다. 이미 지나간 시간은 어떻게 할 수 없지만, 앞으로 다가올 시대의 흐름에 편승할 기회라고 생각하는 것이 옳다. 서두를 것 없이 어느 플랫폼이든 계정을 직접 만들고, 글을 써보고, 편집하고, 게시하고 반응을 보면서 전문가가 알려준 정보를 당신이 몸소 소화하며 체험해보라. 스스로 확신할 수 있도록, 한 걸음씩 전진하고 성취해보자. 하면 된다.

2. 내가 궁극적으로 이루고자 하는 목표는 무엇인가

흔히들 무언가를 시작할 때 거창한 이유 같은 것 없이 무작정 시작하고 본다. SNS 역시 마찬가지로 처음에는 '유명해져야지', '부수입을 만들어야지', '팬을 늘려야지' 등의 아주 1차원적인 이유로 시작하곤 한다. 나 역시 처음 SNS를 시작한 이유가 단순히 베스트셀러 작가가 되고 싶어서였다. 이전까지 손힘찬이라는 사람을 아예 몰랐던 사람들이, 내가 책을 냈을 때 조금이라도 더 관심을 두고 찾아주었으면 하는 마음으로 인스타그램을 시작한 거였다.

하지만 그렇다고 해서 아예 철학이 없었던 건 아니었다. 나름대로 진지한 목표는 있었다. 당장은 많이 부족하지만, 이 산업 전체에 영향력을 끼칠 수 있는 사람이 되는 것이 나의 목표였다. 별것 아닌 것 같아도 간과해서는 안 되는 부분이다. 거창하지 않은 이유로 일을 시작하면 그 일은 용두사미가 되기 십상이다. 용의 머리로 시작해서 뱀의 꼬리로 끝날 가능성이 농후해지는 것이다. 단순히 '잘 되고 싶다'라는 차원에서 머무르면 일이 구체적으로 진행되지 않는다. 지금은 내가 아무것도 가지지 않은 사람일지라도, 세상을 다 가진 사람, 가질 사람처럼 창대한 꿈을 가지고 시작해야 한다.

비트겐슈타인도 '언어의 한계는 세계의 한계를 뜻한다'라고 말하지 않았던가. 지금 내가 물리적으로 서 있는 위치에 아무것도 없다고 할지라도, 내 가슴속 깊은 곳에만큼은 뜨거운 꿈이 있어야 한다. 그래야만 나의 세계가 변화무쌍하게 들끓고 확장될 수 있다. 계획이라는 것은 얼마든지 수정될 수 있다. 나 역시 작가로서 평생 글 쓰겠다는 다짐은 변하지 않았지만, 그외에 이루고자 하는 꿈이 하나씩 늘어가기 시작했다. 대중성과 메시지가 담긴 멋있는 영화를 만들겠다는 생각, 세상에 도움 되는 재밌는 문화들을 만들겠다는 다짐 등, 나의 세계관은 하나의 확고한 목표의 뿌리에서 비롯되어서 지금도 끊임없이 뻗어가고 있다.

'우선 시작한다'라는 건, 목적 같은 것 없이 일단은 시작하는 것을 말하는 게 아니다. 내 창대한 마지막 목적이 정해졌을 때, 그 과정에서의 불확실성을 견딜 수 있게 되었을 때부터 작업에 착수하는 것을 말한다. 거창한 목표가 없으면 과정에서의 불확실성을 견딜 수 있는 원동력은 사라져버린다. 이루지 못할 꿈일지라도 그 꿈을 가지는 것은 죄가 아니다. 꿈꾸는 것에는 돈이 들지 않는다. 또한 사람들이 지금껏 집요하게 말하지 않았던가. 'R=VD', 즉, 생생하게 꿈을 꾸면 결국 그것이 실현된다는 논리를 말이다.

생생하게 꿈꾸면 이루어진다. 그 모든 것을 완벽하게 이루어낼 순 없을지 몰라도. 언제 내 숨이 멎을지 몰라도. 이루어지지 않을 목표일지 몰라도. 꿈을 가지고 사는 한 언제라도 희망은 있을 것이며 내 삶의 원동력 또한 거기에 있을 것이다. 그러므로 내 삶은 언제까지고 비참해지지 않을 것이다.

편의점 야간 아르바이트를 하며 글을 썼던 시절을 단 한 번도 부끄러워한 적이 없다. 오히려 자랑스럽다. 지긋지긋

했던 가난을 벗어나기 위해 타협하지 않고 나의 목표를 향해 매일 전진한 나의 모습을 떠올리면, 그때 그 시절의 향수가 온몸에 퍼진다. 그건 연민이나 안타까움이 아닌 내가 바라는 이상을 향한 몸부림, 어떻게든 해내겠다는 각오에서 비롯된 숭고한 몸짓들이었으니까.

스티브 잡스는 젊은 시절 소중하게 여겼던 잡지인 「지구백과The Whole Earth Catalog」의 폐간호 뒤표지 문구를 2005년 스탠포드 대학 졸업식에서 인용했다.

Stay hungry, stay foolish.

늘 갈망하고 우직하게 전진하라, 현실에 안주하지 마라.

당신이 갈망하는 것은 무엇인가. 그 원동력이 생기는 순간 우직하게 전진할 수 있는 슈퍼 파워가 생긴다. 그 힘은 눈앞에 있는 현실을 타파하여 당신의 성공을 이루도록 도울 것이다.

3. 오리지널리티를 발현하라

모든 인간은 다르다. 그렇기에 내가 느끼고 채워줄 수 있는 누군가의 결핍과 다른 사람이 느끼고 채워줄 수 있는 결핍은 다르다. 그것을 파악하는 것으로부터 내 오리지널리티는 발현되기 시작한다. 예를 들어 들어주고 싶은 말을 하는 것에 강점을 가지고 있는 사람이라면 최대한 스토리텔링을 빼고 온전히 누군가가 듣고 싶은 말을 해주면 된다. 평소 내 이야기를 하는 것이 좋고 모임에서도 분위기를 주도하는 사람이라면 소위 말하는 인싸가 되는 비결이나 매력 있는 사람이 되는 법 등에 대해서도 말할 수 있겠다. 스토리를 이야기하는 서술력과 비쥬얼라이징이 뛰어나면 소설을 쓰거나, 영화, 드라마 리뷰 콘텐츠를 만들 수도 있다. 도덕성 때문에 표출하지 못하는 각자의 욕망을 채워주는 것에 뛰어나다면, 약간은 섹슈얼한 일러스트를 그려볼 수도 있겠다. 회색빛으로 물들어 웃음기 없는 사회에 화사한 덧칠을 해줄 수 있는 인간이라면 웃음을 주면 되겠다. 내가 예민sensitive하게 느끼는 타자들의 결핍이 무엇인가? 나는 무엇을 채워줄 수 있는 사람인가? 그것을 파악해야 한다. 그게 곧 나의 오리지널리티가 될 테니까.

4. 알고리즘 공략하는 법, 버티는 게 승자다

알고리즘이란 쉽게 말하자면 공식이다. 하지만 조금은 신비로운 공식이다. 비밀이 있다고 말하기 어려울 정도로 100% 알맞은 공식은 없기 때문이다. 사람들이 각 플랫폼을 이용하는 패턴과 특성이 제각각이다. 유튜브에서는 영상 콘텐츠를 천천히 소비하기를 원할 것이고 틱톡은 빠른 영상을 소비하기 위해 볼 것이고 브런치는 작가의 글을 보기 위해 찾는 곳이기 때문에 양질의 장문 글을 좋아할 것이다. 인스타그램에는 비교적 짧은 글귀나 릴스를 구경하는 사람이 많을 것이다. 이렇듯 각 플랫폼의 어떤 특성을 지녔는지를 이해하고 주력으로 운영할 플랫폼을 정하면 된다. 플랫폼이 운영되는 방식과 알고리즘은 시간이 갈수록 바뀌기 때문에 대략적인 플랫폼의 특성만 이해하면 된다. 한국언론진흥재단은 '유튜브의 추천 알고리즘은 이용자를 오래 체류시키는 것이 주요 목표'라며, '이 과정에서 추천 알고리즘은 이용자 개인의 선호에 알맞은 영상과 다른 이용자들이 관심을 보이는 영상을 추천한다'고 말했다.

여기서 모든 플랫폼의 공통점은 이용자의 취향에 맞춰서 콘텐츠를 추천하는 방식으로 플랫폼 이용자가 최대한 오랫동안 그곳에 머물 수 있도록 하는 것에 있다. 어떤 콘텐츠

하나가 좋은 콘텐츠, 양질의 콘텐츠인지 아닌지는 플랫폼 성향에 맞는 매력적인 가치를 사람들에게 선보일 수 있는가에 의해 결정지어진다. 그리고 그 매력이 오랫동안 지속될수록, 오랜 시간 동안 시청하고 댓글 달고 저장하고 공유하는 것이 많아질수록 그 콘텐츠는 더 좋은 콘텐츠라 불리게 될 것이다.

좋고 나쁨의 기준과 경계가 모호해진 세상이다. 이 말은 즉 내가 지극히 평범하거나 부족한 점이 있는 사람이라 할지라도 그 모습을 그대로 보여주는 것이 일종의 매력 어필이 될 수도 있다는 말이다. '뭐 이렇게 당연한 얘기를 길게 얘기하는 거야?'싶을 수 있다. 한 가지 비밀을 공개하려고 한다. 사실 인스타그램 공략법, 블로그 공략법, 유튜브 공략법 등 이미 검색만 해도 얻을 수 있는 정보가 수두룩하다. 이러한 정보들 속에서 당신이 알아야 할 것은 따로 있다. 알고리즘 공략이 마음대로 되지 않는다고 해서 '알고리즘대로 했는데 왜 안되는 걸까?'라고 의아해하며 외부적인 요소에서 이유를 찾는 것이 아니라, 그 알고리즘이 자신에게도 적용되고 실행될 수 있도록 꾸준히 콘텐츠들을 쌓아 올려야 한다는 점이다.

"소설이라는 장르는 누구라도 마음만 먹으면 진입할 수 있는 프로레슬링 같은 것입니다. 로프는 틈새가 넓고 편리한 발판도 준비되어 있습니다. 링도 상당히 널찍합니다. 참여를 저지하고자 대기하는 경비원도 없고 심판도 그리 빡빡하게 굴지 않습니다. '좋아요, 누구라도 올라오십시오'라는 기풍이 있습니다. 개방적이라고 할까, 손쉽다고 할까, 융통성이 있다고 할까, 한마디로 상당히 '대충대충'입니다. 하지만 링에 오르기는 쉬워도 오래 버티는 건 쉽지 않습니다. 소설 한 두 편을 써내는 건 그다지 어렵지 않아요. 그러나 소설을 오래 지속적으로 써내는 것, 소설로 먹고사는 것, 소설가로서 살아남는 것, 이건 지극히 어려운 일입니다."

– 『직업으로서의 소설가』중, 무라카미 하루키 지음

오리지널리티의 발현과 브랜딩은 소위 말하는 '노가다'와 같다. 하루키의 말처럼 크리에이터는 끊임없이 창작의 고통과 맞서 싸워야 한다. 이는 특출난 재능보다는 엉덩이 힘, 지구력 싸움이다. 얼마나 링 위에서 오래 버티며 더욱내 오리지널리티를 구체화하고 브랜딩을 견고하게 하느냐가 승패를 가른다. 당신이 알고리즘에 관한 것들을 얼마나 큰 돈을 주고 배우고 얼마나 고퀄리티의 정보를 입수했다고 하더라도 그건 끝이 아니라 시작에 불과하다. 시작 그 이후부터는 당신이 앞서 세워놓은 의지와 결의가 중요하다. 대중의 시선은 차갑다. 알고리즘이 백날 밀어줘도 인정해주지 않는다. 정말 존경하는 유튜브 크리에이터가 있다. '병잔한'이라는 크리에이터다. 그는 '소주 원샷하기'라는 컨셉으로 영상을 게시하기 시작했는데, 2022년 8월 2일 기준으로 '소주원샷 945병 째' 영상이 업로드된 상태다. 별다른 조작 없이 소주를 원샷하는 게 그의 콘텐츠다. 영상도 소주를 원샷하는 콘텐츠가 98%가 넘는다. 그에게도 처음에는 우리가 백날 말하는 알고리즘에 밀어주지 않아서 좌절했던 시행착오의 기간이 있었을 것이다. 초반 조회수는 100도 나오지 않았다. 그러나 지금 그에게는 4만 명이라는 구독자 수 대비 훨씬 많은 몇백 개의 댓글이 달린다. 그를 응원하며 지지하는 팬들이 있고 크리에이터분 역시 초심을 잃지 않고 항상 감사하는 마음으로 지내고 있다. 모든 미디어 플랫폼에서 창작자들에게 요구하는 건 '좋은 콘텐츠'라는 사실에는 변함이 없다. 하지만 그 좋은 콘텐츠란 누가 정하는가를 생각해야 한다. 당연한 말이겠지만 대중이 정한다. 그러한 대중에게 진정성과 호감 있게 다가갈 수 있다면, 게다가 근면하고 성실한 모습까지 보여줄 수 있다면 충분히 승산이 있다고 본다. 좋은 콘텐츠와 유익한 정보를, 아니, 매력적인 모습과 즐거움 자체를 전달하는 사람이 되어라. 그로 인해 주목받는 순간이 온다면 그때부터는 알고리즘이라는 말이 크게 의미가 없어질지도 모른다. 가짜 조회수, 인위적인 조작 등에 유혹되지 말고 요행을 바라지도 말자. 결국 모래성은 무너질 수밖에 없으니 말이다.

5. 대중에게 나를 각인시킨 다음에는 무엇을 해야 할까?

카카오톡, 네이버, 한게임 과 같은 플랫폼들의 공통점을 꼽아보자면, 처음에는 모두 무료 서비스였다는 점이 있겠다. 전부 처음에는 단 한 푼의 돈도 벌어들이지 못했다. 카카오톡은 원래 돈이 드는 문자 메시지를 오히려 돈이 안 들고 무료로 이용할 수 있게 했다. 이모티콘, 카카오페이 수수료, 선물하기 기능 등도 없었다. 네이버도 마찬가지다. 완벽한 무료 검색 포털이었다. 한게임도 마찬가지로 과금 같은 것 없이 온갖 게임을 무료로 즐길 수 있었다.

무료이기 때문에 사람들이 모이기 시작했다. 그리고 기업은 우선 사람을 모아둔 뒤에 이 서비스가 없으면 불편하게끔 만들었다. 바로 그때부터 돈이 드는 시스템을 적용시키기 시작한 것이다. 당신은 이와 같은 메커니즘을 배워야 한다. 당신이라는 사람을 찾도록 하고 사람을 모아라. 팔로워 수, 구독자 수가 모이기 시작한 순간부터 수익화는 시작된다. 우호적으로 대하면 우호적으로 돌아올 것이고 비우호적이면 비우호적으로 돌아온다는 호혜성의 원칙을 기억하자. 원하는 것을 얻고자 한다면 먼저 베풀어라. 혜택을 주며 사람을 모아라. 그들로 하여금 당신이 없으면 불편하다는 느낌이 들수 있게, 대체 불가능한 사람이 없다는 느낌을 줄 수 있도록 서비스를 제공하라. 그것은 콘텐츠가 될 수도 있고, 무료 상담이 될 수도 있다. 사람들이 당신에게 열광하기 시작하는 순간, 앞으로도 잘 부탁한다는 말을 건네 오는 순간이 바로 당신의 서비스를 '유료'로 제공해야 할 타이밍이다.

6. 어떻게 해야 대체 불가능한 크리에이터가 될 수 있는가

사람을 모으고 유료서비스를 제공하고 돈을 벌게 되는 순간은 늘 짜릿했다. 가끔은 이러한 달콤한 순간이 영원할 것만 같다는 생각도 들었다. 그런데 그러고 나니 나와 주변에 비슷한 사람이 하나둘씩 나타나기 시작했다. 나의 대체제가 생기기 시작한 것이다.

나는 위기의식을 느끼기 시작했다. 내 카피캣이 하나둘 씩 늘어나는 상황에서, 나는 어떻게 해야 대체 불가능한 사람이 될 수 있는지를 생각했다. 자존심과 아니꼬움을 내려놓고, 그들에게서도 배울 점이 있을까 싶어 그들의 콘텐츠를 구경했다. 그들은 내가 만들어왔던 것과 놀랍도록 비슷하게 콘텐츠를 만들고 있었다. 하지만 자세히 보니 어딘지 모르게 좀 낯선 느낌이 들었다. 그것들은 내 콘텐츠들과 많이 닮아 있었고 카피라이팅 역시 대중성 있게 잘하고 있었지만, 품질만큼은 내 것과 확실히 달랐다. 하루에도 몇 시간씩 양질의 콘텐츠를 만들기 위해 애쓰는 내게는 그게 바로 보였다. 그것들은 고민한 흔적도 명확한 메시지도 그다지 없는 콘텐츠들일 뿐이었다.

그 사실을 알게 된 순간부터, 아무리 많은 대중이 그것들을 소비한다고 해도 조바심이 들지 않았다. 당장은 나의 파이가 줄어드는 것 같지만, 멀리 봤을 땐 전혀 위협이 되지 않을 거라는 믿음이 있기 때문이었다. 보통 사람들은 새로 나타난 경쟁자들에 맞춰 내가 원래 가지고 있던 가치를 낮추고 그 대중성을 따라가기 시작한다. 하지만 절대 그래선 안 된다. 과감하게, 원조로서, 원래의 오리지널리티를 강화하고 고가, 고퀄리티 정책으로 가야 한다. 당신과 비슷한 사람은 있을 수 있지만, 당신을 대체할 사람은 없다. 중요한 것은 NO.1이 되는 것이 아니라, ONLY.1이 되는 것임을 잊어선 안 된다.

평생 직장의 개념이 사라지고 이미 1인 기업의 시대가 왔다. 크몽, 숨고 같은 외주 플랫폼이 활성화되고 회사에서도 불필요한 인력을 덜어내고 외주를 활용하는 추세다. 그야말로 가치 감가상각의 시대, 개인의 몸값을 월급, 최저시급 등에 맡기기에는 불안정한 시대다. 그렇기에 모르면 배워야 하고 앞으로의 방향을 당장 오늘부터 설계해야 하는 것이다.

퍼스널 브랜딩에 대한 관심을 갖는 것은 좋지만, 그럴싸한 로고와 슬로건을 세우라는 말은 아니다. 바르게 잘 되는 것이 중요하다. 이는 단기적으로 NO.1이 되었다고 하더라도 언젠가는 왕의 자리를 내어주거나 평생 그 자리를 차지할 수 없을지도 모른다. 하지만 ONLY.1이 된다면, 대체 불가능한 존재가 된다면 사람들은 당신을 찾을 수밖에 없게 된다.

그렇다면 어떻게 하면 ONLY.1이 될 수 있는 걸까. 선구자, 얼리어답터early adaptor가 되어야 한다. 예를 들어 취미로 전시회, 박물관, 서점 등에 간다고 하면 이는 문화를 단순 소비하는 범주 안에 속할 것이다. 소비하는 것에서 그칠 게 아니라 노동의 몰락을 예견하고, 사람들이 이 상품, 작품, 서비스에 왜 열광하는가를 생각하면서 '왜'라는 질문과 '어떻게 했지?'라는 생각을 한다면 관점이 달라진다. 이에 위기의식까지 가진다면 인간의 원초적인 본능인 생존에 직결되어 생각하게 되기 때문에 목숨 걸고 생각하게 된다. 삼성의 이건희 회장이 임원진들에게 '늘 위기다'라고 말했던 것처럼, 우리도 개인적으로 나 자신에게 늘 되물으며 생각해야 한다. 언제나 우리를 매료하는 대중문화는 실시간으로 그 색을 달리하고 있다. 즉 당신이 ONLY.1이 되기 위해서는 이런 시대 흐름의 변화를 읽는 선구자가 되어야 한다는 말이다. 이는 당신이 학습 가능한 인간이 된다면 충분히 가능한 일이다. IQ 60대였던 그리 똑똑하지 않은 나도 해냈는데 당신이라고 못 하겠는가. 대중은 소비할 문화 콘텐츠를 끊임없이 갈망하며 찾고 있다. 1위만 기억하고 원하는 것이 아니라 각자의 취향에 따라 내 인생의 롤 모델, 우상, 리더, 크리에이터를 찾는다. 내가 최고라 생각하는 사람이 자기만의 1위가 되는 것이다. 그것이 바로 ONLY.1이다.

모두를 만족시키려 하지 마라. 당신에게 열광하는 사람을 위한 크리에이터가 되어라. 이 말을 이해하는 순간 무한한 경쟁 속에서 잘 되는 것에 따라가기 급급한 역할을 그만둘 수 있다. 진짜인 척하느라 자신을 포장하지 마라. 당신의 오리지널리티를 찾아 발현하라. 대체 불가한 진짜가 되어라.

반응도를 10배 높이는
콘텐츠 카피라이팅

이번에는 내 콘텐츠의 도달률을 극대화하는 것에 초점을 맞춰 카피라이팅 방법을 이야기해볼 것이다. 물건 판매, 상품 판매를 위한 방법론보다는 당신의 영향력을 키우며 평범한 사람, 그 이하라 할지라도 압도적인 인플루언서가 될 수 있는 쪽에 초점을 맞춰서 말이다. 물론 팔로워만 많다고 돈이 벌리는 것은 아니다. 당연히 상품 판매 전환에 대한 방법과 수익 창출법에 대해서도 이야기할 것이다. 몇 가지 아이디어 역시 제공하겠다.

앞선 내용에서 내가 '조급하지 말라'고 이야기했던 것

을 기억할 것이다. 하지만 어쩔 수 없이 내 콘텐츠의 반응도가 아예 나오지 않으면 지치기 마련이다. 성취욕의 관점에서 성공 경험이 내게 있어야 여유도 생기는 법이니까. 지금부터 즉각적인 성취감과 도달률을 얻을 수 있는 카피라이팅 유형 8가지를 소개하겠다.

1. 공감 키워드

가장 먼저 공감형 키워드란 무엇인지를 알기 위해, 흔한 예시들을 한번 생각해보고 넘어가겠다.

> 정이 많은 사람 / 이런 사람은 ~하다 / 한결 같은 사람 / 평생 함께하면 할 수 있는 사람 / 인복이 많은 사람의 공통점 / 조용히 잘 사는 사람의 마인드 / 살면서 느낀 것 or 알게 된 것들 / 최고의 복수는 잘 사는 것도 용서하는 것도 아니다 / 잘 살았고 충분히 애썼다 / 필요할 때만 찾는 사람은 멀리하자…

SNS를 통해서, 그리고 유튜브 썸네일을 통해서 이러한 문구들을 많이 접해보았을 것이다. 바로 이런 것들을 우리는 공감형 키워드라고 부른다. 이것 말고도 공감형 키워드는 많다. 문구를 읽었을 때 우리가 흔히 생각해왔던 것, 평소 일상 속에서 느꼈던 것이라고 생각된다면 전부 공감형 키워드에 해당된다고 볼 수 있다. 내가 느끼는 것을 다른 사람도 비슷하게 느꼈을 거라는 확신이 드는 순간이 있다. 그때마다 우리는 그 확신을 재빠르게 캐치해서 공감형 키워드로 포장해야만 한다. 나만 이해할 수 있는 글이 아닌, 누가 읽어도 납득이 되고 공감할 만한 이야기를 쓰는 것이다. 만약 당신이 정말 공감되는 글을 썼다면, 그리고 이런 키워드를 통해 제목이나 썸네일을 잡았다면, 사람들은 여지없이 감탄사와 함께 공감했다는 피드백을 남길 것이다.

2. 동경의 키워드

괜찮은 사람 / 좋은 사람 / 분위기 있는 남자, 여자의 특징 / 나만 바라봐주는 사람 / 성숙한 사람의 특징 / 잘 배운 사람 / 말센스가 넘치는 사람의 특징 / 멘탈 강한 사람이 매일 하는 행동 / 말을 예쁘게 하는 사람 / 우아한 사람의 특징…

'동경'이라는 말의 사전적 의미는 '어떤 것을 간절히 그리워하여 그것만을 생각함'이다. 그리고 누군가를 동경한다는 것 역시 그만큼이나 그를 간절하게 원하고, 그처럼 되기를 원한다는 말이 된다. 우리가 흔히 '저 사람처럼 되고 싶다'라는 감정을 품는 것처럼 말이다.

하지만 어쩌면 우리는 이미 그런 사람일지도 모른다. 누군가에겐 이미 동경의 대상이 되어 있을지도 모른다는 말이다. 소셜미디어가 발달한 탓에 워낙 대단한 사람, 잘 나가는 사람만 보이다 보니 사람들은 자신의 가치를 잊고서 상대적 박탈감을 느끼곤 한다. 사실 굳이 그럴 필요는 없는데 말이다. 누구에게나 어울리는 모습이 있고 이미 갖춘 것이 반드시 하나 정도는 있다. 그걸 잊고 살기 시작하면 세상살이는 점점 즐겁지 않은 일, 그저 하루하루 버티는 일이 되어간다. 본인이 지닌 가치를 일깨우는 사람이 되자. 또 내가 몰랐던 내 가능성이나 장점을 부각시키려 애써보자. 그렇게 점점 이상적인 모습을 갖춰가자. 누군가에게 '저 사람처럼 멋있는 사람이 되고 싶다'는 마음을 품게끔 하는 것이다. 인간은 누구나 특별한 사람이 되고 싶은 욕망이 있는 법이다. 이제 당신이 그 특별한 롤모델이 되어보자.

3. 고민형 키워드

번아웃이 찾아올 때 신호 / 밤마다 우울하다면 읽어보세요 / 유독 밝은 사람의 속마음 / 감정 기복 심한 사람이 읽어야 할 글 / 유리 멘탈이라면 꼭 읽어보세요 / 사람한테 상처 받은 당신이 들어야 할 조언 / 퇴사 고민을 하고 계시나요? / 2030세대의 고민 / 내 나이가 4050인데 아직 안 늦었나요? / 인생 노잼 시기라면…

이것들 말고도 세상에는 수천 수만의 고민이 있다. 누구에게나 고민은 있다. 그리고 우리는 그 고민을 고민거리로만 남겨두기보단, 하나의 콘텐츠로 다뤄보기 위해서 애써야만 한다. 사람들의 행동과 소비의 상당부분은 본인의 결핍과 고민에서부터 출발하기 때문이다. 나의 고민과 친구의, 연령대별, 직업별 고민, 상황 따라 생기는 가지각색의 고민을 집요하게 물고 늘어져보자. 이를 해결할 수 있는 방안도 좋고 같은 고민을 가진 사람으로서 공감하는 것도 좋다. 그러한 과정들을 통해 어떻게 살 것인가를 사람들과 함께 고민하고 같은 감정을 교류할 수 있는 뜻깊은 시간을 갖게 될 것이다. 늘 그랬지만, 고민이란 혼자 해결하는 것보단 머리를 맞대고 생각했을 때 보다 더 좋은 방향으로 해소하고 해결할 수 있었다. 함께 고민하고 함께 극복하자. 그리고 함께 나아지자.

4. 정보형 키워드

서울 강남역 안가면 후회 한다는 베스트 맛집 TOP 5 / 다이어터들을 위한 저칼로리 식단 추천! / 연인이랑 꼭 가봐야 할 데이트 코스 8가지 / 가족끼리 놀러가기 좋은 휴양지 5곳 모음 / 감성 터지는 국내 숙소 BEST 6 / 한국인 99%가 모르는 인생 레전드 꿀팁 5가지 / 나만 알기 아까운 대박 꿀팁 대방출 / 모르면 손해보는 아이폰 7가지 활용 방법 / 저질 체력도 당장 할 수 있는 10분 홈트 운동법 / 자취 경력 10년차가 말하는 라면 맛있게 끓이는 법 / 원룸 100만 원으로 감성 터지는 분위기로 꾸미기 / 죽기 전에 반드시 봐야 할 인생 영화 10편 추천…

정보형 키워드들의 대표적 유형이다. 누군가에겐 이러한 문구들이 제법 거창하게 보여질 수도 있다. 하지만 포장만 그럴듯하게 해놨을 뿐, 이것들은 사실은 누구나 하나씩은 갖고 있는 꿀팁이나 취미에 관한 것들이다. 당신이 조금 용기를 내어 친구들에게 또는 소셜 미디어에 당신이 알고 있는 노하우나 참신한 정보를 위와 같은 문구들과 함께 공유한다고 해도 "네 꿀팁 덕을 많이 봤어!"와 같은 반응을 얼마든지 얻어낼 수 있을 것이다.

카피는 결국 당신이 알고 있는 정보를 꾸며주는 것에 지나지 않는다. 지나친 '어그로'는 피해야겠지만, 그렇다고 내가 지닌 재능과 능력, 정보를 그대로 두는 건 정말 아까운 일이다. 처음에는 사소한 것들부터 나누기 시작해보자. 그리고 조금씩 공부하면서 사람들과 좋은 걸 더 많이 나누기 시작하면 된다. 나 역시 처음부터 글을 잘 썼기 때문에 인스타그램에서 잘 된 것이 아니다. 쓰다 보니 어느 정도 발전해서 더 다양한 카테고리에서 많은 생각을 사람들에게 전할 수 있게 된 것이다. 정보와 노하우를 능숙하게 전달할 수 있을 때까지 연습하자. 안되는 건 없다.

5. 권위형 키워드

심리 상담사가 말하는 / 연봉 10억의 남자가 말하는 /

300억 건물주가 말하는 재테크 공부법 / 최고의 부자들이 밤마다 몰래 하는 4가지 습관 / 1,000개의 영화를 본 영화 덕후가 말하는 / 상위 1%의 천재가 말하는 공부법 / 70세 철학자가 말하는 / 의사가 절대 먹지 않는 음식 6가지 / 유재석이 말하는 / 워런버핏, 빌게이츠가 극찬한 인생 책…

위의 키워드와 문장들은 딱 보기에도 신뢰감을 준다. 사람들은 누구나 신뢰를 주는 사람의 이야기와 조언을 들으려고 한다. 그가 나보다 더 잘 알고 있다는 생각에, 또 친근하거나 평소에 동경했던 사람기에 무조건 그의 말을 듣고 보는 것이다. 그러니 메시지와 콘텐츠를 전달하는 사람으로서 이러한 사람이 될 수만 있다면 얼마나 좋을까. 어쩌면 우리는 이런 사람이 되기를 원해서 하루하루 공부하고 자신을 알려가는 것일지도 모른다.

물론 "그런데 지금의 제게 이정도의 권위는 없는데요?"라고 생각할 수는 있다. 알고 있다. 그렇기에 인용하거나 그들의 권위를 빌려오는 게 중요한 것이다. 당신이 보기에 인상 깊었던 책이나 멘토, 인물의 말을 빌려서 당신의 생각을 전하는 것은 언제나 당신 주장의 설득력과 집중력을 높여준다. 거기에서 더 나아가 권위 있는 사람의 이야기를 듣고 이를 스토리화하여 잘 풀어내는 모습까지 보인다면 사람들은 이미 당신을 훌륭한 메신저로 인식하기 시작할 것이다.

6. 상세 타깃형 키워드

평범한 직장인 / 사회 생활을 하다 보면 / 20대, 30대, 40대 / 대학교 졸업하고 난 뒤 드는 생각 / 헬린이, 요린이, 주린이, 롤린이 등 (해당 분야 입문자를 일컫는 말) / 결혼했다면 공감되는 이야기 / 사업가, 주식투자자 / 한국인 / 90년생이라면 무조건 아는 추억의 아이템 / MZ세대가 연구대상인 이유 / 남매라면 공감되는 썰

위의 문구들을 천천히 바라보면, 곳곳에서 특정 표본을 일컫는 키워드를 찾을 수 있을 것이다. 정말 정확하게 타겟 하나를 꼭 짚은 듯한 느낌을 준다. 이렇게 정밀하게 타겟팅을 하고 다른 키워드들과 적절히 매칭하여 재밌는 콘텐츠를 만들어낸다면, 그러니까 나이, 직업, 성별 같은 것들을 콕 집어 그들을 건드리는 콘텐츠를 만든다면, 그 콘텐츠는 해당 집단 표본에 속하는 이들에게는 눈길을 사로 잡을 수 있

는 키워드가 될 수 있다. 당신이 만약에 직장인 경력이 5년, 10년차가 넘었는데 여러 가지 생활별 에피소드를 안다면 직장인들의 공감을 얻는 콘텐츠를 만들 수도 있을 것이다. 오랫동안 붙어서 사는 남매가 있다면 남매 관계에서 벌어지는 웃긴 상황에 대해서도 연출할 수 있을 것이다. 콘텐츠란, 그리고 아이디어란 거창한 게 아니다. 멀리 있는 것도 아니다. 일상 생활, 주변 환경에서도 충분히 찾을 수 있는 법이다.

7. 성공형 키워드

계속 잘 되는 사람의 특징 / 안 되는 놈도 잘 되는 놈이 되는 습관 / 30분 걷기가 인생을 바꾸는 이유 / 위대한 일을 하고자한다면 이불정리부터 하라 / 하루를 72시간처럼 활용하는 시간 관리법 4가지 / 아침마다 외치면 자존감 올라가는 확언 12가지 / 인간 명품이 매일 실천하는 자기관리법 3가지 / 미루는 습관 고치는 확실한 조치법 4가지 / 인생을 바꾸는 긍정 말투 습관 / 인생을 180도 바꾸는 말버릇 7가지

성공형 키워드를 사용하면 성장 욕구가 있는 사람들, 신

분 상승을 원하고 돈을 더 벌고자 하는 이들에게 동기부여를 해줄 수 있는 건 물론, 동시에 그들의 마음을 당기는 제목들을 지어낼 수도 있다. 유튜브, 인스타그램, 블로그, 구글 등에 이와 같은 키워드들을 검색만 해도 수두룩 빽빽하게 나온다.

이런 자기계발 키워드를 사용할 땐 확실한 인사이트를 주는 것이 필수다. 모르면 그만큼 공부해서 뻔한 걸 전달할 게 아니라 전달 방식이라도 바꿔서 열정이 생기도록 동기부여를 해야 한다. 누구에게나 잘 살고 싶고 잘 되고 싶은 마음은 있다. 중요한 건 성장하고자 하는 사람들이 느끼는 이상과 현실에 대한 갭차이를 줄여 주기 위한 방법과 충분한 설득력을 더해야 한다는 점에 있다. 워낙 자기계발 분야의 콘텐츠가 많다보니 이제는 누구나 할 수 있는 말에 대해서는 사람들이 크게 반응하지 않는다. 내가 가지고 있는 내공을 대중의 눈높이에 맞춰서 잘 전달하는 것이 중요한 이유다.

8. 수치형 키워드

99의 확률로 / 50세 인생 선배가 말하는 / 8년 만에 / 4가지 법칙 / 월급 130만 원에서 연봉 10억 되기까지 / 1주일 우리는 두루뭉술한 것보다 정확한 숫자로 얘기해야 확실히 인지하고 움직이기 시작한다. 약속을 잡을 때 "토요일 오후쯤 보자"라고 말하는 것보다 "토요일 성수역 16시에 ○○ 카페에서 보자"라고 얘기하는 게 나은 것처럼 말이다. 정확한 숫자는 그렇게 우리에게 정확한 인식을 하도록 만든다.

또 숫자는 우리가 가지고 있는 편견을 오히려 역이용할 수 있는 카피가 될 수 있다. '전세계 부자 2,000명이 모두 '이것'을 한 이유'라고 제목을 잡게 되면, 본능적으로 '오, 2,000명의 부자들이 실천 했던 것이라고? 뭐지?'라는 호기심을 자극할 수 있다. 정확한 수치는 신뢰를 줌과 동시에 읽는 사람 입장에서 하여금 가독성을 높여준다.

성공하는 크리에이터의
마음가짐 7가지

4년이 넘는 기간 동안 게시글을 5,000개 이상 발행하고, 수많은 글과 4권의 책을 써본 결과 크리에이터에게 있어 콘텐츠를 생산해낸다는 건 증명을 계속하는 일이라는 생각이 든다. 초반에는 사람들에게 나의 존재를 알리기 위해 콘텐츠를 만들어야 했고 언제 내 채널이 뜰지도 모른다는 불확실성과 싸워야만 했다. 어느 정도 나의 존재가 알려지기 시작했을 때도 문제는 있었다. 채널을 운영하는 데에서 권태감을 느끼기도 했고 채널의 정체기 등을 겪으며 좌절을 맛보기도 했다. 또 나와 비슷한 채널을 운영하는 사람을 의식하며 경쟁심과 질투를 느끼기도 했으며 반응이 잘 나오지 않을 땐 극심한 스트레스를 받기도 했다.

매번 창작의 고통이 따르는 건 크리에이터로서 피할 수 없는 숙명일지도 모른다. 하지만 그럼에도 시작하기로 마음 먹었다면, 나의 가치를 세상 앞에 드러내기로 결심했다면 꾸준히 나아가야 한다. 철저한 분석과 연구, 나의 일상과 사고의 발전을 연이어가며 계속 발전해나가야 하는 것이다. 이번 글에서는 조금이라도 더 건강한 마음가짐으로 콘텐츠를 발행하고 채널을 운영할 수 있도록, 이런저런 마음가짐들을 소개해보려 한다.

1. 좋은 콘텐츠란

'좋은 콘텐츠'란 무엇일까? 내가 생각하기에 좋은 컨텐츠란 콘텐츠를 접하는 사람들이 만든 사람의 의도대로 그를 접해서 만족감을 느끼고, 지니고 있던 니즈가 충족되는 컨텐츠다. 내가 무엇을 만드는지조차 모르고 전달하고자 하는 바도 모르겠다면, 먼저 자신을 돌아볼 필요가 있다. 진정성, 메시지, 인사이트, 모든 건 정확한 목적 의식과 철학을 지닌 상태에서만 자연스레 녹아드는 것이다. 처음에는 뭘 전하는지조차 모를 수도 있고 방황할 수도 있지만, 계속 콘텐츠를 발행하면서 내가 무엇을 추구하는지 늘 의문을 가지고 고민해봐야 한다.

물론 내가 이 글을 통해 이렇게 말하더라도 콘텐츠를 만드는 이들의 마음은 가지각색일 것이다. 소위 말하는 어그로를 끌어서 반응만 잘 나오면 된다 싶은 사람이 있을 수 있고, 상품 판매에 대한 전환이 이루어지는 것에 더 중심점을 둘 수도 있있다. 브랜드 이미지를 구축해줄 콘텐츠 도달률만 잘 나오면 되는 경우도 있을 수 있다. '좋은'이란 상대적인 것이다. 사람들에게 '좋은 사람'이라는 말이 다 다르게 다가가는 것처럼 말이다. 좋은 콘텐츠라는 것 역시 마찬가지다. 그러니 내가 앞에서 '좋은 콘텐츠란 이러이러한 것이다' 주장했다고 하더라도, 당신만의 의미를 발견했을 때 진정으로 콘텐츠 크리에이터로 한 발자국 다가갔다고 말할 수 있겠다.

2. 직감력直感力을 길러라

흔히들 여자의 촉은 무섭다는 말을 한다. 작은 눈짓, 입 모양, 표정, 제스처, 말투 등의 사소한 것으로부터도 어떤 단서와 상황을 빠르고 감각적으로 캐치해는 능력이 발달되어있기 때문이다. 그리고 사람들이 촉이라고 부르는 이것의 다른 이름은 아마 직감일 것이다. 콘텐츠를 만들어서 대중에게 선보일 때도 당연히 직감이 필요하다. 작은 것들을 캐치해서 수많은 사람의 마음을 사로잡아야만 하기에 감각이 없으면 반응은 저조할 수밖에 없다.

그럼 어떻게 해야 직감력을 기를 수 있을까. 공감 능력을 기르면 된다. 사람들이 반응하는 콘텐츠, 좋아요가 터지는 콘텐츠, 댓글이 많이 달린 콘텐츠들을 관찰하면서 그들의 마음에 동조할 수 있어야 한다. 팔짱 끼고 '이렇게 수준 낮은 게 반응이 왜 좋은거지?', '이걸 사람들이 왜 좋아하는 거지?'라고 부정적으로만 바라본다면 더 이상 직감력은 키워지지 않는다. 말하지 않아도 설명하지 않아도 '이 콘텐츠는 좋다'라는 느낌이 자연스럽게 느껴질 때까지 학습을 해봐야한다. 결국 감이 중요하다는 말인데, 난 이 감이라는 것도 어느정도 선까지는 기를 수 있다고 생각한다. '100만 유튜버'나 '메가 인플루언서'와 같은 경지에 오르기는 쉽지 않을지라도 그들의 반의 반만이라도, 감각이 뛰어난 천재 크리에이터들의 면모를 한 가지 정도라도 닮을 수 있다면, 당신도 감각 있는 크리에이터로 성장할 수 있으리라 믿는다.

공감 능력을 길러라. 감각을 키워라. 'sensitive'라는 단어를 늘 가슴에 품고 그러한 사람이 되려고 애써라. 세심하고, 감성 있고, 예민한 사람이 되려고 노력해라. 크리에이터는 세심하고 감성이 뛰어난 예민한 사람이어야만 거듭 성장할 수 있다.

3. 직관력直觀力을 길러라

이게 뭐야? 직감력 다음에는 직관력? 무슨 말인가 싶을 것이다. 앞서 말한 게 '감'에 가까웠다면 이제는 직관력을 키워야 할 시간이다. 이는 보다 구체적인 지식, 감으로만 알던 것을 예시를 들어가며 설명할 수 있으며 이를 상대에게 전달할 수 있는 것을 뜻한다.

플레이어와 디렉터의 개념을 생각하면 된다. 플레이어는 감각이 중요하지만 디렉터는 큰 그림을 읽고 전체를 지휘하기에 플레이어들에게 설명할 줄 알아야 한다. 운동 선수와 코치의 관계가 그런 것처럼 말이다.

'난 크리에이터가 될 건데 왜 직관력까지 키워야 되는 거지?' 싶을 수도 있다. 이유는 간단하다. 감만으로는 비즈니스를 할 수 없기 때문이다. 돈을 잘 버는 크리에이터와 그렇지 않은 크리에이터의 차이를 보면 자신이 가지고 있는 상품성, 재능, 능력 등을 충분히 발휘하지 못하거나 이를 갖고 미팅을 하고 협상을 할 때 잘하지 못하는 부분에 있었다. 나 역시 프리랜서로 활동할 때, 팔로워가 7만 명이 넘어섰을 때도 월 200만 원의 수익조차 못 벌정도로 콘텐츠 만드는 감각은 있었지만 수익 수완은 없는 수준이었다. 내가 나를 포장하고 콘텐츠의 가치, 브랜드 파워, 영향력 등 일목요연하게 보여줄 수 있으려면 '내가 왜 잘 됐는지', '내가 어떻게 해서 잘 됐는지' 등 이러한 이유를 감으로만 말할 게 아니라 정확하게 설명할 수 있어야 한다.

직관력을 기르는 방법은 간단하다. 내가 하는 일들을 글로 적어라. 무료 컨설팅을 해보라. 강의를 해보라. 블로그에 기록해보라. 글쓰기와 말하기는 내가 머릿속에서 관념적으로만 알던 것을 정확히 인지시켜줄 수 있도록 돕는 가장 확실한 수단이 되어줄 것이다.

4. 진정성 있게 소통하라

나는 언제나 사람들에게 '선한 영향력을 발휘하라'고 말하는 사람이 아니다. 솔직히 말해서 난 내 생계와 가족을 위해서 소셜미디어를 시작했다. 내가 잘되지 못하면 우리 집안의 앞날에는 답이 없었고 지긋지긋한 가난에서 벗어날 방도를 찾을 수 없었다. 나는 이것에 대해 언제든 떳떳하게 그리고 자신 있게 말할 수 있다.

사기를 치는 것이 아니라면, 당신의 진정성 있는 이야기를 불편하지 않은 선에서 글로 잘 다듬어서 전달하는 것도 좋은 방법이다. 여기서 말하는 불편이란 마치 일기장에 나만 이해할 수 있는 난해한 글을 쓰는 것을 말한다. 갑자기 아무 이유 없이 채널에 "죽고싶다"라고 적으면서 우울이 담긴 글을 적는 건 결과적으로 나의 이미지만 훼손시키게 된다. 만약 문학적 글을 쓰는 사람이 이를 문학적으로 풀어 쓴다면 이야기가 달라지겠지만, 자신이 평소에 전문가 포지션으로 있었거나 이미 보여준 모습들이 있는데 우울한 글을 쓴다는 건 신뢰를 깨는 지름길이 될 것이다.

진정성 있게 소통하라는 건, 거짓말하지 말라는 것도 깊은 속에 있는 날 것의 이야기를 꺼내라는 것도 아니다. 당신이 어떤 형태로든 구독자, 팔로워분들의 문제를 해결하기 위해 노력한다거나 이토록 신경을 쓰며 노력하고 있다거나 자신의 삶의 가치관은 이렇다는 등 평소 콘텐츠에서 보여주지 못한 모습을 한 번씩 보여주거나 당신의 가치관을 자연스레 콘텐츠 속에 녹아들도록 노력하라는 것이다. 당신의 이름을 들었을 때 사람들이 기억하는 게 당신이 의도한 바와 맞아 떨어진다면, 그것은 당신이 잘하고 있다는 뜻이 되겠다.

5. 글은 잘 써야한다

난 개인적으로 어느 분야에서 활동하든 크리에이터라면 글은 잘 써야 한다고 생각한다. 내가 작가라서 하는 말이 아니다. 한 번의 말 실수나 잘못 쓴 글로 인해 그 뜻이 왜곡 되거나 하다 못해 맞춤법을 틀려서 대다수에게 지적 당하는 경우를 꽤 봤기 때문인 듯 하다.

물론 작가 수준으로 잘 쓰라는 건 아니다. 요즘에는 크리에이터들이 적지 않게 책을 많이 쓴다. '유튜브셀러'라는 말이 나올 정도로 유튜버가 쓴 책이 베스트셀러가 된다는 말이 있는데 크리에이터의 영향력이 출판 시장에도 들어온 것이다. 만약 당신이 책을 쓰고자 한다면 도서 『작가를 위한 집필 안내서』를 추천한다.

그게 아니더라도 글쓰기는 당신이 생각한 의사나 혹여나 모를 논란에 휘말릴 리스크를 제거해줄 언변력을 갖추도록 돕는다. 크리에이터는 늘 소통하는 사람이다. 여기서 많은 비중을 차지하는 건 말하기와 글이다. 만약 말을 잘 못한다면 글쓰기를 해보라. 난 스피치 학원을 단 한 번도 다녀본 적이 없다. 하지만 계속 글을 쓰며 내가 아는 것들을 설명하는 것을 반복하다 보니 강연까지 나갈 수 있는 사람이 됐다. 부담 가질 필요 없다. 꾸준히만 쓰면 실력은 반드시 늘어난다. 절대 손해볼 것 없는 장사라는 것을 장담할 수 있다.

6. 비교는 금지

2018년도에 난 나와 비슷한 규모의 작가 인플루언서분에게 적대심까진 아니더라도 경쟁 의식을 늘 품고 있었다. 지금 생각해보면 굉장히 부끄러운 얘기지만, 함께 성장하는 암묵적인 선의의 경쟁을 해야 했는데 내가 콘텐츠 반응이 잘 나오면 이겼다고 생각하고 반대가 되면 졌다고 생각할 정도로 어리숙하고 유치했던 것이다. 그렇기에 같이 잘 되어야 한다는 생각보단 내가 압도적으로 성공해야 한다는 이기적인 생각을 했던 걸로 기억한다. 같은 업체나 카테고리의 사람들을 적으로 인식하지 않는 것이 중요하다. 시장은 함께 파이팅 해야 시너지가 생기면서 커진다. 또 내게 부족한 점을 그 사람은 가지고 있을 수 있다. 보고 배우려는 자세 역시 중요하다.

7. 모두에게 사랑받을 수는 없다

사람은 어떤 의견이 전달되는 어조가 맘에 들지 않을 때에 그 의견에 종종 반박한다.

당신의 콘텐츠가 세상에 노출되기 시작하는 순간, 초반에는 당연히 반응이 저조할 것이다. 처음부터 잘되는 사람은 소위 말하는 천재가 아니고선 불가능하니 말이다. 꾸준히 하다 보면 사람들의 반응이 보이기 시작하고 많은 사람이 보기 시작하면 그때부터 크고 작은 비즈니스를 시작할 수 있게 된다. 하지만 그와 동시에 당신의 의견에 반박하거나 아무 이유 없이 비난하거나 논리정연하게 비판하는 이들도 생기게 된다. 무관심보다는 낫겠지만, 이런 무게감을 견디지 못해 힘들어하는 이들을 수강생분이나 유튜브, 인스타그램 등을 통해 많이 봐왔다.

그럴 때마다 어떻게 해야 하느냐고 묻는다면, 미안하지만 마음의 준비와 각오를 단단히 하라는 말밖에는 해줄 수가 없다. 누구도 그런 것들로부터 자유로울 수 없다. '왕관을 쓰려는 자, 그 무게를 견뎌라'라는 말이 있는 것처럼, 그저 이겨내야 한다. 당신을 구독하고 팔로우한다고 해서 무조건 당신의 편이 아닐 수도 있다. 겁주는 것 같지만 사실이다. 소셜미디어에서 관계를 맺는다는 건 사람들과 관계를 맺고 친구를 사귀는 것과 비슷하다. 얼굴을 볼 수 없으니 이 사실을 종종 잊어버리곤 하는데, 잊지 말아야 한다. 진정성 있게 소통하라는 것도 글을 잘 써야한다고 말하는 것도 다 그런 이유에서다. 말 한마디를 부주의하게 했다가 인간관계가 어긋나는 것처럼 크리에이터로서 쌓아둔 신뢰와 퍼스널 브랜드 이미지를 손상시킬 수 있기 때문에 주의해야 한다는 것이다.

당신에게 하고 싶은 말이 있다. 모두에게 사랑받을 수는 없으니, 끝까지 당신 편이 되어주는 사람들에게 감사함을 갖고 나아가야 한다는 점이다. 모두가 나를 싫어하지는 않는다. 어쩌면 소수일 수 있고 다수가 될지도 모른다. 그럼에도 크리에이터로서 활동하기로 마음먹었다면 반드시 강해질 준비를 해야 한다. 힘들 것 같다면 얼굴 노출을 아예 하지 않는 것도 현명한 선택이 될 수 있다. 그리고 마음의 준비가 됐을 때 당신을 드러내라. 공격하는 이들이 있는가 하면 당신의 편이 되어주는 소중한 사람들 역시 존재하기 마련이니까.

사람은 고쳐 쓰는 게 아니라고?
우리는 애초에 고장 나지 않았다

한때 나는 '사람은 고쳐 쓰는 게 아니다'라는 말을 꽤 열렬히 믿고 있었다. 인간관계에서의 실패와 내가 믿었던 이들로부터 느낀 배신감들 탓에 어떤 회의감에 사로잡혔었던 건지도 모른다. 거듭되는 어려움을 멋있게 이겨내기는커녕 버텨내듯 지나왔기에 스스로를 무엇 하나 잘하는 게 없는 사람이라 생각하며 좌절하기도 했다.

결과만 놓고 보면 어린 나이에 사업도 하고 작가가 되고, 좋은 결과를 거둔 것도 같지만, 책임이라는 이름 아래에 전쟁을 치르듯 치열하게 하루하루 악착같이 살아왔다. 내 가정은 내가 아니면 가난에서 벗어날 길이 없고, 기초수급자에 IQ 60대였던 나는 남들 앞에 서면 말도 제대로 하지 못했으며, 말을 하려고 해도 일본에서 살다 온 탓에 발음조차 제대로 되지 않았다. 그 시절 나는 늘 시작점 자체가 굉장히 불리하게 주어졌다고 생각했었다. 덕분에 열등감도 깊었고 한 번 우울감에 빠지면 헤어 나오기도 쉽지 않았다. 그렇기에 나와 정말 가까운 사람이 힘들어 하거나 과거의 나와 비슷한 사람을 보면 처절하게 몸부림 치며 살아온 내가 떠올라서 한 번씩 마음이 약해질 때가 있다.

누군가가 무너질 것 같다고 하소연하거나 구해 달라고까지 말하며 내게 감정을 호소할 때마다, 그 힘듦을 해결해 줄 수 있을 정도로 강한 사람이 아니기에 같이 빠져들어 그저 묵묵히 이야기를 들어주는 편이었다. 나 역시 해답을 알수 없기에 침묵으로 화답했고, 때로는 소중한 사람을 도울수 없는 무능함에 스스로에게 화가 나기까지 했다. 어떤 이는 이것도 버릇이라고 말한다. 자신의 우울을 폭탄 돌리듯 남들에게 돌리는 걸 본인은 모른다고, 사람은 바뀌지 않으니까 그러지 말라고 말이다. 아무것도 못 해줄 것 같으면 바보 같이 옆에서 우울해하기만 하지 말라고 한다. 이런 말에 반박할 수 없던 나는 어쩌면 '사람은 쉽게 바꿀 수 없겠구나' 라는 생각을 은연중에 하고 있었는지도 모른다.

그랬던 나의 믿음을 완전히 산산조각 낸 건, 위태롭게 나를 포장하며 애써 괜찮은 척하는 게 아닌, 행복을 향해 끊임없이 움직여서 내가 원하는 환경, 사람, 일을 운명처럼 만나기 시작하면서부터였다. 아, 인생이라는 건 완성도 끝도 없지만, 적어도 나라는 사람도 행복해질 수 있다면, 사람은 고쳐 쓸 수 없다는 말이 어쩌면 틀린 말일 수도 있지 않을까, 싶었던 것이다.

힘들어서 스스로 목숨을 끊고 싶지만, 죽을 용기도 없어서 타협하며 살았던 내가 행복하다는 감정을 느끼다니. 그렇구나. 사람은 애초에 물건이 아니기에 인생이 고장 났다는 표현도 틀린 거였겠다. 사람을 고쳐 쓰지 말라는 말은 잘못됐다. 우린 애초에 고장 나지 않았기 때문이다. 긍정의 반대는 부정이라 했던가. 기쁨이든 슬픔이든 느낄 수 있다는 건 살아있다는 증거이며 우리는 이를 희로애락이라 부르기로 하지 않았던가. 인생이란 이분법적으로 구분 지으며 정의 내릴 만큼 단순하지도 않고, 그렇게 정의 내려서 무너질 만큼 우리도 나약하지만은 않다.

그토록 슬픔에 젖어 있던 내가, 광적일 정도로 결핍들 앞에서 예민했던 내가 행복해질 수 있다면 누구나 희망을 가져도 되지 않을까 싶었다. 그러니 과거 또는 오늘날 당신이 들었거나 들은 폭언, 소리소문 없이 다가오는 나에 관한 평판, 미디어에서 보이는 때로는 잘못된 메시지를 온전히 그대로 받아들일 필요는 없다. 설령 어린 시절에 그려놓은 그림 속 멋진 어른이 되지 못했어도, 시간이라는 유한하지만 공평한 기회가 우리에게 매일 다가오고 있으니 말이다.

내가 바라는 대로 될 수 있음을 굳게 믿어라. 당신은 당신의 아픔보다 단단하고 상처보다 강한 사람이다. 좋은 방향으로 바뀔 수 있다. 행복해질 수 있다. 인생을 바꾼다는 건, 더 나은 삶으로 나아간다는 건, 타인이 바라는 내가 되는 게 아닌 당신이 바라는 모습을 실현했을 때 비로소 이루어지는 것임을 잊지 말자.

신피질의 저주를 축복으로 만들어라

"신피질의 재앙입니다. 스무 살, 서른, 그런 시간개념을 담당하는 부위가 두뇌 바깥부분의 신피질입니다. 고양이는 인간과 다르게 신피질이 없죠. 그래서 매일 똑같은 사료를 먹고 똑같은 집에서 매일 똑같은 일상을 보내도 우울하거나 지루해하지 않아요. 그 친구한테 시간이라는 건, 현재밖에 없는 거니까.

스무 살이라서, 서른이니까, 곧 마흔이라서, 시간이라는 걸 그렇게 분초로 나누어서 자신을 가두는 건 지구상에 인간밖에 없습니다. 오직 인간만이 나이라는 약점을 공략해서 돈을 쓰고 감정을 소비하게 만들죠. 그게 인간이 진술을 한 달에 한 번 마실까 말까 했던 내가 보름 가까이 술을 연속으로 마시는 것을 보고, 어느 날 나는 자각했다. '아, 내가 지금 꽤 우울한 상태구나' 하고.

마셔본 사람은 알겠지만, 술에 취하는 순간 걱정과 불안이 눈 녹듯 사라지는 것만 같다. 그 이유는 알콜이 두뇌의 신피질이라는 곳을 마비시키며 과거-현재-미래의 시간 개념에서 현재만 남아있을 수 있도록 돕기 때문이다. 고로 술을 마셨을 때 없던 용기가 생기거나 좀 더 솔직해질 수 있는 이유는, 당장 지금 이 순간에만 집중하게 되기 때문인 것이다.

내가 술을 자주 먹지 않는 사람이었음에도 자주 마시게 된 이유는 자리 때문도 있었지만, 과거에 두고 온 미련과 아쉬움, 후회들 때문이 컸다. 물론 지금 내 곁에는 기댈 수 있는 사람들이 있고 그들이 존재함에 감사하지만, 과거의 나는 살아남기 위해 아등바등, 누군가에게 기댈 틈도 없이 치열하게 지내기만 했다. 그리고 그동안은 누구에게도 기댈 생각을 하지 못했었다. 무엇이 그리 두려웠던 건지, 아무리 생각해봐도 참 그때의 나 자신이 애틋하게 다가왔다. 그래서 마셨다. 내가 불쌍해서.

아이젠하워는 과거에 집착하는 것은 사람을 불행하게 만드는 지름길이고 그 집착이 자신의 운명을 지옥으로 내몰게 된다고 말했다. 앞서 인용한 드라마 속 대사처럼 '신피질의 재앙'이 일어나는 것이다. 내가 전작 『나는 나답게 살기로 했다』에서 어릴 적부터 겪은 트라우마를 모두 털어내고 또 이겨내기 위한 글을 썼던 것도 지금에 와서 보면 완치됐다는 개념보다는 고찰이 깊어진 것에 더 가까워진 것에 불과할지도 모른다. 여전히 지금도 난 손힘찬, 동시에 오가타 마리토라는 이름으로 활동하기에 나에 대해 잘 모르는 사람으로부터 일본인이냐는 말을 대뜸 듣는다. 나는 그때마다 웃으며 한국인이라 대답하지만, 이것이 쌓이면 어떻겠는가. 한 번씩 정체성에 대한 혼란이 올 수밖에 없었다. 최근에 나는 그에 대해 이런 결론을 내렸다.

1.
내가 늘 고민하는 부분은, 내가 일본인과 한국사람의 피가 섞인 한일혼혈이라는 점, 그리고 일본에서 꽤 오랫동안 살아왔기에 일본 사람 특유의 '이중성'을 가지고 있다는 점 이다.

2.

내가 보름간 우울했던 이유는 그 이중성에서 정체성의 혼란을 겪었기 때문이었다. 또 이런 고민은 흔치 않은 지극 히 소수의 경험이기에 누구에게도 이해 받지 못할 것이라고 생각했다. 그래서 누군가에게 쉽게 얘기를 털어놓을 수도 없었다.

이렇게 결론을 내리고 나니 어딘지 모르게 개운한 기분 이 들었다. 그것이 진리까지는 아니더라도 원인을 발견했으 니 이제 그 답을 탐구하기면 되겠다는 생각이 든 것이다.

글을 써온 5년이라는 기간 내내, 정체성에 대해 고민하 고 있지만, 한 번도 그만두고 싶은 적은 없었다. 오히려 즐거 웠다. 그 과정이 답답하고 또 마주하기 불편한 진실이기도 하니 마냥 쉽기만 한 일은 아니었다. 다만 이 글을 통해 나는 나처럼 지극히 소수가 알 수 있는 얘기라 할지라도 그 메시 지는 모두를 위한 이야기가 될 수 있다는 점을 분명히 해 두고 싶은 것이다.

"가장 개인적인 것은 가장 창의적인 것이다"

봉준호 감독이 어릴 적 영화를 공부할 때 늘 가슴에 새기곤 했던 마틴 스콜세지 감독의 말이다. 이 문장이 내게도 유독 와 닿은 이유는, 지극히 평범하거나 개인적인 경험, 힘들었던 경험도 모두 세상에 메시지로 던질 수 있는 시대에 우리가 살고 있다고 느꼈기 때문이다. 대중성과 창의성을 갖춘 콘텐츠가 떴다 하면 각광 받는 것도 그 덕분일 것이다. 고찰을 멈추지 마라. 이런 사색은 메시지를 던지기 위한 과정이자 자신의 본질을 파악하기 위한 작업이다. 표현을 멈추지 마라. 그 안의 깊이를 바라봐 주는 사람이 생겼을 때 비로소 현대사회 인간의 결핍, 인정욕구를 채울 수 있게 된다.

우리는 과거와 현재의 사이에서 '난 가난한 집안에서 태어났기 때문에 안 될 거야', '난 부모님의 사랑을 받지 못한 탓에 힘들어', '제대로 된 사랑을 해보지 못했기 때문에 사랑하는 게 서툴어' 등 과거의 후회에 대한 변명을 하곤 하지만 시간은 유한하고 다시 돌이킬 수 없는 소중한 자원이다. '탓에', '때문에'라는 말들이 당신의 소중한 이 순간을 지배하게 두지 마라. 신피질의 저주에서 벗어나라. 오히려 역이용하라. 과거에 당신을 지배하려 했던 것들을 그 무엇보다 창의적인 것으로 바꾸어, 압도적인 결과물을 내놓을 수 있는 계기이자 스토리로 만들어버려라. 앞으로 정진하기 위한 원동력으로 바꾸어라. 당신이 흔히 아는 위인들 역시 똑같은 사람이었다. 그들을 마냥 대단한 사람, 엄청난 사람이라 여기며 자신이 넘어설 수 없는 존재라고 단정짓지 마라.

"누군가는 영웅이 되어야 한다.
어쩌면 그 영웅이 나일지도 모른다."

– 찰스 바클리

일단 얕게나마 한 분야에 파고 들어라

깊게 한 분야를 파고든다는 것은 꽤 부담스러운 일이다. 그렇기에 제목에 일단은 얕게나마 파고 들으라고 적어보았다. 그도 그럴 만한 게, '한 분야를 파고 드는 것'이라고 말하는 순간 몇만 시간의 법칙을 따라야 할 것만 같고 교수, 박사님처럼 진지하고 열성적으로 그 분야에 관해 연구하며 공부해야 할 것만 같은 고정관념이 생기기 때문이다.

어쩔 수 없다는 걸 안다. 우리는 오랫동안 성적 중심으로 돌아가는 사회에서 학창시절을 보내며 최소 10년 이상은 살아왔기 때문이다. 다행히 시대가 바뀐 덕에 우리도 차츰 다양한 취미와 문화 콘텐츠(전시회, 박람회 등)를 소비하게 됐지만, 여전히 '전문가'라는 포지션에 대해 논하기 시작하면 마냥 막막하고 어렵게만 받아들이게 된다.

하나 짚고 가고 싶은 게 있다. 나는 얕게 책 100권을 읽은 사람도 다독 전문가, 서울 맛집 100곳에 모두 가 본 덕에 맛집을 분별할 줄 알게 된 사람도 나름대로 전문가라 부르고 싶다. 100권, 100곳도 부담스러울 수 있겠지만, 그것이 내가 관심 있는 분야라면 얘기가 달라진다. 그리고 당신이 관심을 둔 그 분야에는 또 다른 누군가가 관심을 가질 확률이 얼마든지 있다. 이제 세상에 나만 아는 지식이나 취미는 거의 없기 때문이다. 앞서 문화 콘텐츠와 취미의 다양성이 확장됐다는 얘기를 한 것도 이 맥락에서였다. 내가 남몰래 해와서 쌓은 경험과 재능을 누군가는 충분히 가치있게 여길 수도 있다는 것이다. 또 조금 전에는 '100'이라는 상징적인 숫자를 예를 들어 표현했지만, 굳이 100번이 아니어도 괜찮다. 자발적으로 책 10권만 읽어봤어도, 남들이 한 번 본 영화를 1번 더 봤다고 하더라도 시야가 그만큼 더 넓어지고 그를 바라보는 통찰의 깊이가 달라지는 것은 어쩌면 당연한 일이다. 양이 전부는 아니지만 당신이 하는 만큼 실력이 늘어나는 건 사실이다. 또 당신이 시도한 횟수와 수치에 대중이 반응하기도 한다는 걸 잊지 마라.

처음부터 거창하게 하려고 하지 말자. 어차피 한 우물만 파다보면 전문가가 되는 건 시간 문제다. 고 이건희 회장이 적은 에세이 『21세기 앞에서』에는 이런 글이 쓰여 있다.

> "나는 아무리 취미 생활이라고 하더라도, 이에 그치지 않고 그것을 깊이 연구해서 자기의 특기로 만드는 것이 좋다고 생각한다. 취미를 통해서 남을 도와줄 수 있다면 그것은 더더욱 좋은 일이다."

이건희 회장은 유명한 애견인이었기에, 평소 '한국은 보신탕을 먹는 나라'라고 우리 나라가 외국 언론으로부터 매도당할 때에도 그저 마냥 보고 있을 수만은 없었다. 그래서 그 이미지를 쇄신하겠다며 삼성 화재에서 운영하는 시각장애인 안내견 센터를 개인의 사비를 들여 운영해나가기 시작했다. 나는 이것 역시 취미 또는 취향으로부터 시작된 것이 위대한 과업으로 완성된 한 예라고 생각한다. 물론, 최고의 기업 회장님을 예로 들기 시작하면 여러모로 차이가 있을 것이다. 그렇다면 내 기준에서 말해보면 어떨까? 내가 글쓰기를 시작하게 된 건, 내가 써내려가는 말이 꼭 나 자신에게 하는 말 같아서 위로가 됐기 때문이었다. 돈이 없는 탓에 일하면서도 사람들에게 노출되는 글을 쓰다보니 다른 사람들도 위로를 받고 있었고, 독자분들이 건네준 감사의 한마디가 내게는 큰 힘이 됐다. 예술가가 되고 싶은 사람이긴 했지만, 내가 생각지도 못한 다른 의미를 발견하게 된 것이다. '다른 사람과 연결되고, 또 여기서 유대관계가 생기는 건 정말 값진 선물과도 같은 것이구나' 싶었다.

목표를 설정해 한 우물을 팠지만 생각지도 못한 일을 좋은 쪽으로 겪는 건 선물과도 같다. 당신도 취미를 통해, 좋아하는 일을 통해, 또 이루고 싶은 목표를 위한 수단이 되더라도 그 재능을 다른 사람을 위해 한 번씩은 활용해보기 바란다. 책을 많이 읽어본 사람이 다른 사람에게 책을 추천해주고 맛집을 많이 가본 사람이 마찬가지로 근사한 곳을 추천해줄 수 있는 것처럼 말이다. 다 이미 우리가 일상적으로 해본 일들이다. 그러니 충분히 할 수 있다는 자신감을 갖자.

천재를 이기는 또 다른 방법

어떤 분야를 막론하든 한 분야에서 일인자가 된다는 건 쉽지 않은 일이다. 그렇기에 어떤 상황에서는 일인자를 똑같이 뒤쫓는 것보단 차별점을 갖기 위해 애쓰는 것이 더 현명할 때가 있다. 언론에서 우리시대 가장 혁신적인 아이콘이라 평가받는 팀 페리스가 만화가 스콧 아담스를 인터뷰할 때, 그로부터 이런 말을 들었다고 한다.

"나는 만화가인 탓에 대부분의 사람보다 그림을 잘 그린다. 하지만 피카소나 반 고흐 정도의 실력을 가지고 있지는 않다. 또 나는 코미디언보다 웃기지는 않지만 대부분의 사람들보다 유머감각이 뛰어난 편이다."

어쩌면 눈치 빠른 사람은 여기까지만 읽어도 의미를 파악했을 것이다. 그림을 일반 사람보다 잘 그리며, 일반 사람보다 유머감각이 뛰어난 이 작가가 만드는 작품은 아무리 잘 안 된다고 하더라도 평균 이상은 갈 수 있을 것이라는 논리가 성립되는 것이다. 나는 그의 말을 단서로 삼아, 여러 능력을 재조합하여 활용하는 힘을 '융합력'이라 부르고 싶다. 누구나 재능을 가지고 있지만 그 한계치는 명확하다. 그렇기에 내가 가지고 있는 장점 한두 가지만 가지고 경쟁하려 들어서는 안 된다. 자신이 지닌 장점을 다섯 가지든 열 가지든 전부 꺼내 총동원해가며 활용해야 하는 것이다.

내가 인스타그램에 나만의 방식대로 글을 꾸준히 연재할 수 있었던 것도, 그 글들이 매달 최소 4,000만 명에게 노출되는 등 압도적인 반응을 얻을 수 있었던 것도 다 '카피라이팅', '속마음을 헤아리는 공감 능력', '글쓰기 실력', '콘텐츠 제작 능력'의 네 가지 능력을 일반 사람들보다 더욱 관심있게 여기고 그에 관한 훈련을 거듭해서 실력을 키웠기 때문에 가능한 일들이었다.

나는 상위 1%의 카피라이터는 아니지만, 일반 사람보다는 잘 쓴다. 아직 무라카미 하루키처럼 글을 잘쓰는 건 아니지만 마찬가지로 일반 사람보다는 잘 쓴다. 그리고 처음 글쓰기를 시작했을 때부터 지금 이렇게 되기까지의 기간을 따져보면 6년이라는 시간이 걸렸다. 어떤가? 난 지극히 평범한, 어쩌면 평균 이하의 삶을 살았던 사람이지만, 똑똑한 사람 못지 않게 준수한 몇몇 능력을 가진 성인이 됐다. 단서는 여기에 있다. 이 글을 읽는 당신 곁에도 뛰어난 사람, 당신이 닮기를 원하는 멋있는 사람이 있을 것이다. 하지만 자세히 보라. 그들은 마치 처음부터 만능이었던 것처럼 대단하게만 보일 수도 있지만, 사실은 여러 면에서 지식을 쌓고 경험을 누적해왔기에 지금처럼 만능으로 보이는 것일 것이다.

보이지 않는 곳에서도 늘 노력하고 또 그 과정을 남에게 알리며 성장하자. 자신이 성장했음을 실력으로 입증하고 말로 설명할 줄 알고 나의 변화를 스스로 알아차릴 수 있을 정도의 인지 능력이 생겼을 때, 당신은 당신이 얼마나 탁월한 사람이 됐는지를 깨닫게 될 것이다.

쓸데 없는 이야기가
돈이 되는 이유

TMI^{Too Much Information}의 준말이다. 군이 알고 싶지 않았던 정보나 너무 많은 정보를 뜻한다. 이미 이 말이 우리 일상 가운데 자연스럽게 쓰인지는 꽤 됐다.

유튜브 콘텐츠를 소비하다 보면 '무한도전 출연진, 당신이 몰랐던 140가지 이야기', '대한민국 3대 해결사, 당신이 몰랐던 이야기(여기서 3대 해결사는 백종원 대표, 오은영 박사, 강형욱 강사를 말한다)' 등의 헤드카피들을 어렵지 않게 볼 수 있다. 분명 대중은 콘텐츠를 소비하는데 있어서 자신에게 이익이 되지 않는 것이나 좋아하는 크리에이터 본인이 직접 자신의 얘기를 하는 게 아니면 크게 관심을 두지 않기 마련인데, 왜 이런 '인물' 혹은 내가 관심있게 봤던 영화나 사건에 대한 TMI, 혹은 비하인드 스토리 등의 콘텐츠에는 관심을 갖게 되는 걸까?

　사람은 자신이 관심 가지는 분야에 대하여 더 많이 알고 싶어하기 때문일 것이다. 선택적으로 지적욕구를 채우고 싶어하는 것이다. 비단 지적 욕구가 아니더라도 사람은 어떤 대상에 대하여 누구보다 더 많이 알고 있다는 사실에 대해 상대적으로 우월감을 느끼곤 한다. 이것은 자연스럽고도 흔한 생각이다. 그 우월감을 '나'로 기준을 두었을 때 타인과의 비교속에서 얻기도 하며, 내가 좋아하는 인물이나 작품, 영화 등에서 모두가 알지만 그 속의 비하인드 스토리를 자신이 좀 더 많이 알고 있으면 우월감을 느끼기도 한다. 국민 모두가 알고 있는 유재석과 같은 인물에 대해 '내가 몰랐던 이야기'라는 키워드가 붙으면, 이미 친밀감이 있는 존재인데 여기서 미처 알지 못한 부분에 대해서도 알고 이해하고자 하는 욕구가 생기기 시작한다. 때로는 이해하는 것을 넘어 '내적 친밀감'까지 쌓게 되기도 한다.

　'내가 알고 싶은', 혹은 '나만 알고 있는' 듯한 뉘앙스로, 즉 비밀을 자연스레 알려주는 듯한 느낌을 주면 사람들은 자연스레 그 자극에 이끌려 자석처럼 따라오게 된다. 그리고 당신 역시 남들이 당신에 관해 몰랐던 점이나 비밀 같은 것들을 때때로 의도적으로 노출하는 것이 좋다. '굳이 이런 개인사까지 말을 해야 하나?' 싶어도, 사람들은 오히려 당신의 취미, 평소 생각, 선호하는 영화 장르, MBTI 성향 등을 통해서 더 친밀감을 느끼곤 할 테니까.

피로하지 않은 선에서 자신의 TMI를 털어놓는 건 오히려 대중에게 '좀 더 많이 알고 있는 사람'이라는 친밀감을 더욱 심어줄 수 있는 좋은 방법이다. 가감없이 말해야 할 땐 가감없이 말하라. 반대로 가감을 해야 할 땐 조금은 더하고 덜어내라. 개인 이야기를 너무 많이 하는 사람이라면 대중과 소통할 수 있는 콘텐츠에 대해 더 고민하며 만들어가야 할 것이고, 대중에게 있어 너무 비밀이 많아 보이는 사람이라면 오히려 당신의 일상을 남기는 것 자체로 그것이 '콘텐츠'가 되기도 할 테니까. 게시글을 업로드한 뒤에 내 품을 떠난 콘텐츠에 대한 판단의 여부는 대중의 몫이지만 정제된 당신의 생각이 담긴 이야기는 누군가에게는 마음의 문을 열고 진정한 팬으로 거듭날 수 있는 핵심 키포인트가 될 수도 있는 일이다. 난 꽤 오랫동안 얼굴을 드러내지 않으며 활동해

왔으나 그럼에도 사람들이 손힘찬이란 사람을 기억해주고 나를 좋아해주는 이유는 내가 압도적으로 우월하고 뛰어난 사람이기 때문이라 생각하지 않는다. 단지, 누군가는 겪을 법한 이야기와 소수만 공감될 수 있는 내용이라 할지라도 그 이야기 속에서 자신을 투영시킬 수 있는, 말 그대로 모두가 읽을 수 있는 글을 써왔기 때문에 인정받게 된 것이라 믿는다.

콘텐츠가 쉴 틈 없이 쏟아지는 세상이라고 하지만, 온갖 포장과 거짓된 이야기 안에서도 진정성 있는 스토리를 듣고 싶어하고 또 아무도 공감하지 않을 것 같았던 내 생각에 대해 코멘트를 달아주는 소수의 사람도 존재한다. 원래 모든 인플루언서는 영향력을 미치는 일, 즉 감정을 자극할 콘텐츠의 힘이 있기 때문에 존재할 수 있는 것이다. 이 사실을 잊지 말고 당신의 히스토리, 당장의 일상, 장래희망에 대해서도 종종 공유해보도록 하자. 마치 친구랑 옹기종기 모여 대화를 하다보면 그 관계가 더 끈끈해지는 것처럼, 당신의 진심도 언젠가 세상에 통하는 날이 올 것이다.

트렌드의 역설

1인 미디어 시대가 오면서 개개인의 목소리는 점점 커지고 있다. 그렇게 힘 있는 콘텐츠를 만드는 능력이 무엇보다도 중요해지면서, 네이버, 유튜브, 페이스북, 인스타그램, 틱톡 등 다양한 플랫폼에서 자신의 존재를 알리는 인플루언서들이 등장하기 시작했다. 이런 흐름은 한 번으로 그치지 않고 끊임없이 이어져서 이제는 일종의 온라인 인플루언서 무리가 탄생하기에 이르렀다.

특정한 가치관을 띤 크리에이터들을 중심으로 사람들이 모였다. 또 그들을 구독하고 따르는 사람들 역시 자신들만의 커뮤니티를 만들어 활동하기 시작했다. 이처럼 하나의 크리에이터 커뮤니티는 낙수효과를 만들어주는 징검다리 역할을 했다.

실제로 국내에서도 이전에는 수많은 거대 커뮤니티, 여초 카페, 남초 카페, 게임과 스포츠, 취미와 관련한 다양한 공간들이 존재했고 주로 그곳들을 중심으로 여론이 조성됐었지만, 이젠 개인을 중심으로 모인 하나의 커뮤니티가 사람들에게 메시지를 전하며 활약하는 시대, 개인 크리에이터와 플랫폼의 시대가 된 지 오래다.

최근에 MKYU 김미경 대표님의 '커뮤니티가 답이다' 광고 문구와 관련된 영상을 봤다. '개인의 파워가 막강해지는 시대, 평생 나를 고용할 수 있는 커뮤니티를 만들어라'라는 내용이 주제였다. 평생 직장의 개념이 없는 요즘 세대, 영향력과 실력이 있지만 경제 활동에 어려움을 겪고 있거나 수익 창출을 보다 더 극대화하고 싶은 이들 모두의 니즈를 충족할 수 있는 내용이라는 생각이 들었다. 하지만 난 그 영상에서 '커뮤니티를 만들어라'라는 내용 자체보다는, 시대의 흐름을 타고 어떠한 메시지를 만들어낸 김미경 대표님의 통찰 메커니즘을 더욱 유심히 봤다.

그녀는 이미 스타 강사이자 전문가로서 이름을 알리고 있었지만, 코로나 시대에 접어들며 당장 한 푼의 강연수익도 벌어들이지 못하는 위기를 맞이해야 했다. 하지만 거기서 무너지지 않고 언택트를 넘어 '온택트'로 세상과 연결되라는 메시지를 남김과 함께, 대면 강연의 자리가 사라져서 위기를 맞이했음에도 불구하고 이를 어떻게든 기회로 승화시켰다. 바로 MKYU에서 온라인 강의 플랫폼을 만들고, 거기에서 그치지 않고 코로나 시대가 지난 뒤에도 오프라인에서 대면 만남을 할 수 있도록 공간까지 만든 것이다. 그렇게 그녀는 대학컨셉으로 운영되는 평생교육원의 학장이 됐다. 개인의 위기를 훌륭히 기회로 바꿔서 퀀텀점프를 해냈다. 개인의 역사로 봤을 때 그야말로 전화위복轉禍爲福이 아닐 수 없다.

김미경 대표의 사례가 우리에게 시사하는 바는 무엇일까? 바로 어떤 사회적 현상이 일어났을 때 (예를 들어 코로나 시대가 도래해 비대면 만남이 활성화된 것처럼) 내가 가진 자원(능력, 커리어, 강점, 네트워크 등)을 어떻게 시대의 흐름에 맞춰서 활용할 것인지를 우선적으로 고민해야 한다는 사실이다.

하지만 어차피 트렌드란 돌고 돌아서 바뀌기 마련이기

에, 이때 활동하는 사람의 메시지를 충분히 수용하긴 하되, 아예 그곳에 '편승'할 생각까지 해서는 안 된다. 내가 추구하고자 하는 삶의 방향이 어디에 있는지 철학적인 본질에 입각해 접근해보고, 덕업일치德業一致, 자신이 사랑하는 분야를 찾아 꾸준히 업을 지속하는 실력을 기르는 일. 바로 그것이 어떤 트렌드가 다가와도 이래저래 문어발을 걸치는 게 아닌 나만의 도를 개척할 수 있는 방법이라 믿는다. 그렇기에 '누가 이렇게 해서 잘 됐더라'라는 식의 말에 흔들리기보다 '어떤 뇌의 메커니즘이 이 사람을 잘되게 만들었을까'에 대해 고민하는 게 우선이다. 모든 결과에는 원인이 있기 마련이다. 그리고 그 원인에서 결과까지 가는 '과정'까지 아는 것도 당신이 나아가고자 하는 길에 좋은 힌트가 될 수 있다. 그러니 다른 사람의 이야기를 참고 정도는 하되, 그전에 그것이 당신의 가는 길에 있어 어떤 도움이 되는지부터 판단해보기를 바란다.

무엇을 접하든, 겉으로 보여지는 것만 보며 내게도 같은 결과가 생길 것이라는 믿음은 갖지 말자. 나의 꿈을 이루는 데 있어 타협하지 말고 나아가자. 내가 바라는 게 무엇인지 충분히 되돌아보며 그 안에서 가치를 추구하자. 자신에게 떳떳할 수 있도록 마땅히 지켜야 할 도리를 잊지 말자. 나의 것을 포기하고 타협하고 돌이킬 수 없는 수준까지 오게 되면 그때는 늦는다. 내가 전하고자 하는 메시지가 있다면, 이를 끝도 없이 나만의 방식으로 빌드업하는 습관을 들이자. 단기적으로는 답답하고 속도가 더딘 것 같아도, 바로 그것이 '나'라는 개인이 오랫동안 살아남는 걸 넘어 역사적으로 이름까지 남기는, 오리지널을 추구했던 이로 남는 길이 될 테니 말이다.

> "도(道)를 궁구하는 이가 도달하는 곳은 언제나 동일하다.
> 설령 시대가 변해도, 설령 그곳에 이르기까지의 노정이
> 달라도, 반드시 같은 곳에 도달한다."

종종 머리를 식히며 봤던 만화인 〈귀멸의 칼날〉에 나오는 대사이다. 나는 이 대사를 참 좋아한다. 당신 역시 언제까지나 자신의 길을 나아가며 멋진 꿈을 펼치길 바란다.

언어의 한계를 넘어라

나의 언어의 한계는

나의 세계의 한계를 의미한다.

- 루트비히 비트겐슈타인

난 이 말을 좋아하는 수준을 넘어 확신한다. 그리고 이 말을 되뇌일 때마다 동시에 생각한다. 단순히 어휘력을 늘리는 1차원적인 접근이 아닌, 내가 아는 것과 모르는 것을 구분 지어 인지하는 것이 정말로 중요하다고 말이다.

내가 무언가를 '정말로 잘 알고 있는지'를 확인하는 법은 간단하다. 그것을 명확하게 말로 설명할 줄 알고 이를 글로도 풀어낼 수 있는지를 따져보면 된다. 아마 글쓰기 능력을 강조하는 사람이 많은 것도 그래서일 것이다. 하지만 종종 글쓰기가 왜 중요한지를 정확하게 설명해내지 못하는 사람도 더러 있다. 확실히 말할 수 있다. 글쓰기야말로 내가 아는 것을 단순히 행동하는 것을 넘어 구사하는 단계에 들어서기 과정이자 수단이기 때문이다. 행동하는 것이 어떤 행위를 그저 하는 것이라면, 구사하는 건 내가 가진 것들을 능숙하게 마음대로 부려 쓰는 일이다. 내가 구사하지 못하면 아는 것도 그저 알고만 있는 것에 불과하다. 하지만 행동을 반복하여 내것으로 체득하게 되면 그때부턴 그 누구도 베낄 수 없는 나만의 오리지널리티를 갖추게 되는 것이다.

그렇기에 언어체계를 정립하는 일은 내가 사용하는 단어와 뜻이 일치하는지를 인지하는 것에서부터 시작된다. 무작정 책을 많이 읽어서 지식을 쌓는 게 아닌, 내 머릿속에 어떤 언어와 생각, 문장과 사례가 있는지 정확히 기억하며 적재적소에 활용하는 것이 언어의 체계를 정립하는 일이라 말할 수 있다. 물론 꽤 피곤한 작업이 될 수도 있지만, 이 과정에서 자신의 언어의 한계를 극복하여 정확한 언어체계를 만들어가는 과정이 세상을 바라보는 재미와 더 깊이있는 이해와 통찰을 안겨줄 것이라 굳게 믿는다. 책『지적 대화를 위한 넓고 얕은 지식』이 200만 부 이상 판매되어 밀리언셀러가 된 이유는 누구나 지적 교양을 갖춘 모습을 보여주고 싶고 또 깊이 있는 대화를 하고 싶은 인간의 본능을 자극했기 때문이라 생각한다. 그렇지만 이건 알아야 한다. 저자는 그 방대한 지식을 정리하고 압축하는 과정에서 언어체계를 말도 안 되는 수준으로 재정립했다는 걸. 이는 저자가 늘 궁구하는 자세로 살았기 때문에 자신의 지식을 일목요연하게 그 누구보다 쉽게 전할 수 있었던 것임을 말이다. 물론 모두가 저자처럼 할 수는 없겠지만 적어도 아는 척하는 것만으로 내가 온전히 알고 있다고 착각하는 건 머릿속의 세계관을 협소하게 만드는 일이라는 것은 명심해야 한다.

내가 사는 세상의 크기가 내가 쓰는 언어의 크기로 규정지어지는 것이 사실이라면, 무엇이든 구사해내기 위해 한번 노력해보는 건 어떤가. 당신이 알고 있는 것을 충분히 정리하는 것만으로도 일단 머릿속에 체계가 잡히기 시작한다. 그 다음에는 말로 표현하고 설명함으로써 당신이 인식하고 있는 세상을 상대에게도 들려주어 이해시킬 수 있도록 해보

자. 흐릿하게 바라봤던 세상을 보다 더 뚜렷하고 적확하게 바라보게 될 것이다.

이리저리 흔들리지 않는 견고한 나만의 세계관, 그러나 한계는 없는 나라는 존재에 대해 무한한 가능성을 느끼며 사는 삶을 살자. 나아가는 과정 중에 시련들이 거듭하여 불쑥 찾아오더라도 매번 그를 극복하며 살아있음을 실감하게 될 것이다. 매순간 성장을 즐기고 있는 나 자신을 발견하게 될 것이다.

시작하기에 늦은 때란 없다

헨리 포드는 40세에 포드사를 시작했고, 샘 월튼은 44세에 월마트를 시작했다. 레이 크록은 52세에 맥도날드를 시작했고 할랜드 샌더스는 500번이 넘는 거절 끝에 KFC를 시작했다. 버락 오바마는 50세에, 트럼프는 70세에 대통령이 됐다. 76세에 그림을 그리기 시작했던 평범한 모지스 할머니는 첫 번째 그림을 78세에 완성하기도 했다. 마침내 93세에 「타임」표지를 장식하는 결과를 이루기도 했다.

늦었다고 생각할 때가 빠르든 늦든 간에 옳다고 믿는 걸 꾸준히 이어가는 믿음이 필요하다는 말을 하고 있는 것이다. 난 인생을 대하는 것에 있어 '장인정신'을 가지는 것이 꾕

장히 중요하다 생각한다. 스쳐 지나갈 인연이라면 그저 그렇게 끝낼 수 있지만, 평생 갈 인연이라면 수많은 부딪힘 끝에 돈독한 관계가 되어가듯, 매번 싸우는 가족이라 할지라도 위기를 같이 넘기면서 서로에게 애틋함이 생기듯, 반복되는 시련 끝에도 함께 꿋꿋이 이겨내고자 하는 마음가짐이 바로 장인이 가진 신념이라 믿는다. 특별해지고 싶은 우리지만, 세상은 결코 만만하지 않고, 시간 또한 우리를 기다려주지 않고 비웃기라도 하듯 흘러가곤 한다. 전세계에 사는 사람이 각자 다른 시간 속에서 살지만, 누구도 결코 느리거나 빠른 시간을 보내고 있지는 않다. 인생을 대하는 태도에서 안일함을 반복하는 것이 아닌, 타협하지 말아야 할 것에서 포기하지 않고 더디더라도 확실한 한 걸음을 내딛어 나아가는 장인정신을 잊지 않는 것이 중요하다.

환경 탓을 하고 싶을 정도로 세상의 불공평함 속에서 탓을 하게 될지라도, 죽도록 미워할 사람이 생긴다 할지라도 용서하는 자세를 갖는 일 또한 중요하다. 바로 그 미움의 감정이 나를 해치기 시작할 테니까. 남 탓을 버릇 들이는 순간 내 인생은 정말 바뀌지 않게 될 테니까. 당신은 어떤 사람을 혐오하는가, 나는 상대방에 대한 존중이 결여된 사람을 혐

오한다. 주는 것 없이 마냥 받기만 하려는 사람을, 온갖 이기심으로 자신의 이익을 채우기 바쁜 사람을 멀리한다. 베풀며 나누기에도 모자란 인생, 나 자신만 위하다가는 결국 파멸의 길로 향할 뿐이다. 사람의 가치란 무엇을 받았느냐가 아니라, 무엇을 주었느냐로부터 정해지는 것이다. 사랑과 믿음으로 가득 채우기에도 아까운 인생이다. 불같이 타오르는 증오와 분노, 불신은 가급적 가슴속에 채워두지 말자. 다른 사람이 잘 되는 것에 진심 어린 박수를 보내고 또 나의 행복에 진심으로 기뻐하며 축하해주는 이가 있는 것만으로 앞으로의 1년, 5년, 10년은 바뀔 것이다. 내가 삶을 대하는 태도에 따라 사람들도 즉각적으로 반응을 보이는 세상이다. 그만한 통찰이 있는 세상이기에, 내가 조금이라도 속이려 해도 그것이 거짓이라는 걸 들키게 되는 세상인 것이다. 섣불리 요행을 바라며 돌이킬 수 없는 실수는 하지 말자. 늦더라도 괜찮다. 이제 시작하면 된다. 설령 다시 상처받는 일이 생기더라도 다시 세상과 연결되면 된다. 늦게 시작할 때 내게 삿대질하며 부정적 신호를 보내주는 이도 있겠지만, 늘 한결 같이 곁을 지켜주는 소중한 이들을 떠올리며 당신이 가고자하는 길을 가기 바란다.

　　정말 무서운 건 시간이 지난 뒤에 봤을 때도 그 어떤 변
화도 행복도 없는 나의 마음 상태일 것이다. 애플, 구글, 아
마존, 디즈니와 같은 기업의 역사도 모두 창고에서 시작됐
다. 이 글을 쓰는 나도 곰팡이 냄새나는 반지하, 고시원에서
시작했다. 내가 잘 될 수 있다는 믿음과 그것을 받쳐주는 방
법을 끊임없이 연구하며 결과를 만들어내는 것. 이것에만큼
은 나를 세뇌시킬 정도로 확신을 가져도 된다. 세상은 만만
하지 않으니 강하게 부딪혀 나아갈 뚝심을 가져라. 절대 포
기하지 않고 그 작은 것도 놓치지 않는 어느 장인처럼 그 정
신을 배워 당신만의 결과가 나오는 그 날까지 멈추지 마라.
인생이 마라톤처럼 기나긴 코스라 한다면 반드시 당신의 인
생에도 러너스하이와 같은 압도적 성취를 이루는 날이 반드
시 올테니까.

CHAPTER 5

평범한 사람을 위한
1% 성공의 법칙

돈 벌 때 고려해야 할 건
여러 가지 있다

　많은 인원의 사람에게 공감을 사려면 바넘효과Barnum effect(사람들이 보편적으로 가지고 있는 성격이나 심리적 특징을 자신만의 특성으로 여기는 심리적 경향을 뜻한다)를 응용하면 쉽게 공감을 얻을 수 있다. 특히 바넘 효과가 활발하게 이용되는 경우는 인스타그램, 유튜브과 같은 소셜 미디어다. 인간은 때로는 보편적으로 적용되는 특성이 자신과 일치한다는 것을 믿는 습성을 가지고 있다. 대표적인 예시로 한국에서 유행했고 지금은 일상 속에 자리 잡힌 'MBTI 성격 유형 검사'다. 16가지 성격으로 인간의 성격을 구분하고 완전한 정의를 하는 것은 불가능하다. 인간의 성격은 다양한 요소와 상황에 따라 달라질 수 있으며, 16가지 유형만으로는 구분 짓기 어렵다. 참고는 할 수 있지만 완전한 정의는 불가능하다. 하지만 우린 MBTI의 사례와 바넘효과를 통해 돈 버는 콘텐츠를 만드는 단서를 얻을 수 있다.

소셜미디어에서 구글, 네이버 포스팅의 제목에는 눈길을 사로잡는 문구가 존재한다. 인스타그램은 이미지뿐만 아니라 영상으로 이용자의 눈길을 끌어 플랫폼에 붙잡아준다. 유튜브와 틱톡은 끊임 없이 개인의 관심사와 취향을 세분화하는 알고리즘 추천 과정을 거친다. 소비한 콘텐츠를 토대로 관심 가질법한 영상을 보여주기에 이용자를 플랫폼에 접속하도록 하기 용이하다. 고로 영상 이미지, 영상 제목의 카피라이팅 문구, 영상 속 내용의 구성, 영상 틀면 첫 3초가 굉장히 중요한 것이다. 여기서 사업수완이 좋은 개인이나 사업가, 기업은 콘텐츠 속 상품 홍보를 잘하여 구매 전환을 유도하며 결국 판매하는 것을 성공하기에 이른다.

대중이 의식·무의식적으로 원했던 욕망을 자극하지 않으면 저조한 조회수를 기록하며 온라인세계 그 어딘가에 사라져 잊혀버린다. 그렇기에 이미 알고리즘에 뜨는 콘텐츠 속 카피라이팅과 내용은 내게 훌륭한 선생님이 되어주는 셈이다. 그럼 학생이니까 선생의 것을 똑같이 만들면 되느냐, 그렇지 않다. 본격적인 설명을 하기 전에 먼저 3챕터의 통찰력을 키우는 독서법, 읽기와 독서를 현명하게 하는 법, 그 전에 먼저 하지 말아야 할 것부터, 반응 좋은 콘텐츠의 3가지 기준, 돈이 따라오는 방법, '통찰의 표본을 넓혀라'과 4챕터의 온라인 콘텐츠 창작자를 입문하는 당신을 위한 조언, 반응도를 10배 높이는 콘텐츠 카피라이팅, 성공하는 크리에이터의 마음가짐 7가지 등 다시 정독하고 오기 바란다. 가장 좋은 건 직접 해본 뒤에 적용하는 것이다.

매출을 높이는 카피라이팅을 쓴다는 건 하루아침에 되는 일은 아니다. 정해진 문구가 있는 것도 아니다. 복잡한 세상의 흐름과 고객의 욕망을 읽는 통찰력을 요구한다. 뿐만 아니라 나의 상품과 연결되어있으면 그동안 썼던 콘텐츠에 상업성을 더해야 하며, 이는 자연스러워야 거부감이 없다. 이것을 어떻게 하느냐에 따라 나에 대한 인식이 달라진다. 팔로워가 많으니 바로 상품에 관한 홍보를 올린다고 팔리는 것도 아니다. 구체적인 비즈니스 전략이 필요하다. 특히 1인 기업가의 경우 더욱 그러하다. 만약 내가 기업을 택하며 일한 게 아니라 1인 기업으로 고집 부리며 혼자 했다면 진작 망했을지도 모른다. 난 회사에서 경영을 배웠다. 회사가 어떻게 해야만 성공하는지 실패하는지 직접 시행착오를 겪으며 내 안에 확실한 경험치를 차곡차곡 누적해왔다. 비즈니스를 배우니 고객에 대해 이해하기 시작했고 경영을 시작하니 사람에 대해 배우게 됐다.

그 과정을 지나가보니 내가 쓴 카피라이팅의 개수를 정량적으로 따지면 1만 개가 넘는다. 그건 인스타그램 계정(@ogata_marito)만 봐도 절반 이상이 넘었기에 알 수 있다. 나의 계정뿐만 아니라 이외에 무수히 많은 채널 계정, 협업 업체, 수강생 카피라이팅 피드백 및 재구성, 출판 단행본 카피라이팅, 상품 상세페이지, 그 외 기타 상품 카피라이팅 등 합치면 1만 개가 넘는다. 이 수치는 과장이 아닌 최소 기준으로 잡아 정량적으로 표현한 것이다. 이 숫자의 계산을 한 적은 단 한번도 없었다. 내가 그동안 소셜 미디어 활동과 사업, 교육일을 진행 하다보니, 문득 책을 써서 '카피라이팅에 대해 난 몇 개나 써봤는가?'에 대해 생각해보니 난 이미 최소 1만 개 이상의 카피라이팅을 작성했었다. 어이없고 허탈한 웃음이 나왔다. 난 미친 듯이 멈추지 않고 달려왔었다. 그렇기에 알고 있다. 지금처럼 기회가 온세상에 열린 시대에는 자신에게 알맞은 방식으로 꾸준히 시간을 들여서 시행착오 과정에서 방법을 개선하며 실력을 키우다보면 바라는 목표에 달성할 수 있다는 사실을 말이다.

장인은 반복적인 담금질과 벼름질로 쇠를 도구로 만든다. 쇠를 보다 더욱 단단하게 만들어 완성도를 높이기 위함이다. 제대로 된 무기를 만들기 위해서는 10번, 30번, 50번, 100번, 1000번, 10000번의 담금질을 하는 것이다. 담금질은 금속의 강도와 경도를 높이기 위해 뜨거운 불에 철을 녹였다가 차가운 물에 담근다. 이를 마친 뒤에 일그러지고 휘어진 쇠를 다시 펴주는 벼름질을 해준다. 온도 차이 때문에 쇠는 일그러지고 다시 골고루 펴주는 작업 하는 것이다. 여기서 벼름질을 하지 않으면 쇠의 성질에 따라 유리처럼 깨진다. 자본주의 사회에서 직장 생활, 사업, 콘텐츠 창작, 전문 기술 등 그 어떤 형태가 되어도 상관없다. 경쟁을 하는 사람은 모두 해당 된다. 인공지능의 무서운 성장 속도와 더불어 같이 성장하는 각 업계의 변화는 너무 빠르기에 일반 사람이 인식하지 못할 정도의 수준이다. 당신이 무지하다는 말을 하려는 건 아니다. 세상이 변한다는 사실 조차 인식할 시간이 부족할 정도로 시대의 기술 속도는 기하급수적으로 인간의 복잡한 뇌와 학습 능력을 모방하여 인간을 초월하는 수준의 인공지능 AGI(범용 인공지능)을 개발하고 또 매일 완성도를 높여나가고 있다.

1분 1초가 변하고 정보의 홍수를 넘어서 무엇이 진짜고 무엇이 가짜인지 분별할 수 없는 세상이 다가오고 있다. 인류의 변곡점에서 우리 개인이 할 수 있는 건 안타깝게도 겨우 시대의 흐름에 적응하는 것과 곳곳에서 들려오는 무의미한 정보는 최소한으로 접하며 미래에 대한 대비를 하는 것이다. 특히 내가 바라는 목표와 이상이 높을수록, 당신이 만약 최정상을 바라고 있다면 그만큼 나라는 사람의 통찰의 담금질과 벼름질이 필요하다. 직접적인 경험이 필요하다. 그 과정에서 여러 핵심 학문에 대한 이해와 이것들을 자신의 사업 비즈니스와 콘텐츠에 적용할 줄 알아야 한다. 내 책에서 당신이 필요로 하는 통찰과 방법뿐만 아니라 당장 당신에게 중요한 우선순위를 정하며, 빠르게 변화하는 세상의 흐름에서 위기를 맞이할 게 아니라 함께 대비하며 나아갈 수 있기를 바란다.

빅테크 기업의 알고리즘과 빅데이터를 역이용하는 법

2022년이 도래하고 세상은 빅데이터의 시대가 됐고, 2023년에는 샘 알트만, 일론 머스크 등이 설립한 오픈 AIOpenAI가 출시 되어서 생상형 인공지능 소프트웨어, 언어 모델을 개발했다. 이미 소셜 미디어 플랫폼이 인류를 장악하기 시작했고 이제 오픈 소스 생태계를 통하여 인공지능 생태계까지 만들어졌다. 사람들의 눈길과 관심사는 온라인 세상에 더욱 눈길이 가게 됐다. 길가를 걸으면서도 주변 풍경을 보기보다 시선은 핸드폰에 향해 있고, SNS를 통해서 세상을 보고 있다. 당장 내 눈 앞에 존재하는 물리적인 세상을 보는 것보다 SNS속 세상이 더 많은 정보들을 내포하고 있기 때문이다. 그 결과 우리는 알고리즘과 빅데이터의 노예가 됐다.

오픈AIOpenAI, 페이스북Facebook, 인스타그램Instagram, 유튜브YouTube, 네이버 등 어느 플랫폼을 이용하든 실시간으로 나의 작은 행동 하나하나는 데이터로 연산되고 그 데이터를 바탕으로 내 손 안의 작은 세상이 나에게 보여주는 콘텐츠는 바뀐다. 예를 들어보자. 인스타그램에서 내가 음식과 관련된 콘텐츠에 관심이 많다. 먹스타그래머들을 많이 팔로잉하고 있고, 먹거리 콘텐츠에 많은 '좋아요'를 누른다. 그리고 친구를 태그하며, 언젠가 이 맛집에 한 번 가보자고 한다. 그 데이터는 인스타그램의 거대한 서버에 축적되고 내 인스타그램 피드에는 어느 순간부터 먹거리가 가득 뜨게 되고 탐색 탭에도 먹거리들이 잔뜩 노출되기 시작한다. 소름 돋는 점은, 자연스럽게 인근에 위치하고 접근성이 좋은 맛집을 좋아요를 누르면 데이터는 자연스럽게 당신의 주 동선을 파악하고, 그 주 동선과 연관이 돼 있는 맛집을 당신에게 노출할 것이다. 여기서 관련 스폰서 광고가 뜨는 건 덤이다.

SNS를 시작하면 위치 추적을 허용하냐고 묻는 이유도 맥락을 같이한다. 위치 추적을 허용하게 됨으로써 당신의 뒤를 밟겠다거나 하는 음흉한 목적이 아니다. 위치·당신의 관심사·주로 소비한 콘텐츠 등등을 통해 빅데이터는 당신이라는 인간을 어느 분야에 유독 관심이 있는 사람인지 판단하고, 그에 맞춰 소비가 증진될 수 있게 자신의 플랫폼에 돈을 쓰는 광고주에게 소비를 할 수 있도록 유도하는 것이다. 나는 오죽하면 사람을 맨 처음 만날 때, 우스갯소리로 조금 친해진 다음, 유튜브 뉴스피드를 보여달라고 한다. 그럼 대충 어떤 사람인지 알 수 있다고 말하면서 말이다. 자기 계발에 관심이 많은 사람은 무자본 창업, 책과 관련된 영상과 동기부여 영상이 한가득하다. 게임을 좋아하는 사람은 당연히 게임과 관련된 영상이 한가득하며, 애니메이션을 좋아하는 사람은 애니메이션에 대한 영상이 가득하다. 이는 당연한 이치지만, 이 작은 기기가 거대한 서버망과 연결되어 나라는 사람의 선호도를 정의하고 영상을 추천한다는 건 한편으로는 소름 돋는다. 한 편으로는 이런 생각도 든다. 더 넓은 영역의 것들에 관심을 가지고 입체적인 인간이 될 수도 있지만 빅데이터와 알고리즘이라는 것이 개개인을 한 분야에만 매몰되게는 하지 않는가 하는 생각 말이다. 각설하고, 이제부터 본격적으로 구글 빅데이터를 인스타그램에서 역이용하는 법을 설명하기 시작하겠다.

앞서 언급했듯 당신의 손에 쥐어져 있는 핸드폰은 당신과 관련된 모든 정보를 긁어 모으고 있다. 동선부터 소비하는 콘텐츠, 심지어 당신의 입에서 나오는 말까지 말이다. 모두 한 번쯤 비슷한 경험을 한 적이 있을 것이다. 나는 친구와 면도기에 대한 이야기를 나눈 직후였다. 그 후 페이스북을 켰는데 갑자기 면도기 광고가 나오기 시작하는 것이었다. 이것이 우연인지, 아니면 음성 인식으로 통한 데이터 축적의 결과였는지 나는 정확히 알 수 없다. 하지만 이것은 우연이라고 할지라도 구글이나 네이버 등등과 같은 검색 엔진 시스템에서 특정 상품을 검색하면 페이스북과 인스타그램에서도 해당 상품의 광고가 뜬 경험이 분명 있을 것이다. 플랫폼 입장에서는 당연한 것이다.

소비자의 소비 패턴을 파악하고 광고로 띄우고 소비로 이어지게 하는 것. 나 또한 이러한 알고리즘의 노예였다. 유튜브가 띄워주는 영상을 맹목적으로 시청했고, 페이스북과 페이스북이 띄워주는 광고를 반복적으로 보다 보면 나도 모르게 소비로 이어졌다. 이는 각인의 힘이기에 인간으로서는 별 수 없다. 이상한 것이 아니다. 애초에 소비 하는 것 또한 인간으로서는 당연한 일이다. 하지만 이제 여기서 달리

할 지점은 이것이다. 우리들은 이제 이 제도를 이용해야 한다. 소비자로서 소비만 해왔던 때는 지나고, 사업가, 1인 크리에이터, 1인 기업가, 자영업자, 프리랜서, 인플루언서 등 이곳에 해당하는 사람이라면 시스템에 순응할 것이 아니라 그 시스템을 이용해야 한다. 예를 들어보자. 당신이 지금부터 쥬얼리 사업을 시작하고자 한다. 상품도 마련했고 네이버 스토어팜 혹은 카페24 등 당신의 쇼핑몰을 만들고 상품 등록까지 마무리했다. 뿌듯하고 사업하는 기분을 물씬 느낄 수 있을 것이다.

하지만 여기서부터가 고비다. "팔아야 한다" 아무리 좋은 상품을 만들고 가져오고 상세 페이지를 죽이게 만들어도 고객이 생기지 않으면 아무 의미가 없다. 사업은 봉사활동이 아니다. 영리를 추구하는 것이다. 누군가가 소비를 해야 한다. 노출해야 한다. 즉 이제 사업의 본격적인 시작인 마케팅의 영역에 들어선 것이다. 이제 막 사업을 시작한 당신이 마케팅할 방법은 없을 것이다. 주변에 지인이 있어서 이런저런 방법을 알려주거나, 자본이 충분해 마케팅 대행사를 쓰는 방법도 있다. 혹은 강의 수강을 들을 수도 있겠다.

개인적으로 이런 방법들은 시간대 오래 걸릴뿐더러, 판에 박힌 공식만을 전수한다고 생각한다. 누군가가 강의를 한다는 건 이미 그 강의를 수많은 사람 또한 듣고 있다는 뜻이다. 자기 계발 차원으로 정말 시간적 여유가 된다면 듣는 것 역시 좋은 방법이고 안 하는 것보다는 훨씬 낫다. 다만 내가 말하고자 하는 핵심은 다른 것에 있다. 영화 〈탑건:매버릭〉은 톰 크루즈가 주연인 제트기 영화이다. 제트기를 통해 적군의 핵시설을 파괴해야 하는데 거의 불가능에 가까운 임무가 주어지는 내용이다. 작중 톰 크루즈는 이제 그 불가능에 가까운 임무를 수행하기 위해 어린 파일럿들을 교육하기 시작한다. 교육을 위해 임무에 사용될 F-18 전투기 교본을 가지고 나간다. 그리고 이야기한다.

"제군들 이 교본에는 F-18 전투기에 대한 모든 것이 담겨있다."

그리고 즉각 그 교본을 쓰레기통에 버린다.

"바꿔 말하면 교본에 있는 것이기에, 적들 또한 F-18 전투기에 대한 모든 것을 알고 있다."

"적들이 모르는 것은 제군들의 한계다."

이 장면에서 톰 크루즈는 F-18 전투기 메뉴얼을 버림으로써 기체에 대한 기술적 지식만이 중요한 것이 아니라 예측할 수 없고 정량화할 수 없는 인간의 의지와 결단이 중요하다는 것을 강조한 것이다. 조종사가 단순히 기계의 조작자가 아니라 메뉴얼에 쓰인 것 이상으로 학습하고 즉흥적으로 적응할 수 있는 인간임을 선언하는 권한 부여의 행위로 볼 수 있다. 이는 훈련의 한계를 뛰어넘어 배우고 성장할 수 있는 조종사의 능력에 대한 믿음과 이러한 인간의 잠재력은 적이 예상할 수 없는 것이라는 믿음을 전달했다. 이미 시중에 나와 있는 강의·컨설팅·교육 등등은 판에 박힌 커리큘럼을 반복하고 공식화하고 있다. 그것은 나만의 방식으로 판매나 마케팅으로 이어지기 어렵다. 같은 공식을 고수하는 수많은 사람들이 있으니 말이다. 당신은 그저 이미 세상에 존재하는 기본적인 핵심 학문과 세상이 흘러가는 흐름, 정보에 대한 이해도를 대략적으로만 이해하고 시작해도 무엇이든 할 수 있다. 나라는 사람의 매력도와 흥미가 생기는 콘텐츠, 팔릴 수밖에 없다고 자부하게 되는 본질 강화가 잘 되어있는 상품이 있다면 시장에 먼저 뛰어들어간 다음 이것저것 학습해도 늦지 않는다.

자, 그래서 알고리즘 역이용이 무엇이냐? 이제 상품을

판매하기 위해 본격적으로 마케팅의 영역에 들어선 당신에게 알려주겠다. 알려주는대로 한 번 따라 해 보기 바란다. 아래 예시로는 '쥬얼리'라고 되어있지만 이 키워드는 독자 여러분이 원하는 키워드대로 하면 된다.

네이버

  1. 네이버를 킨다.

  2. 쥬얼리를 검색한다.

  3. 음성인식으로 한 번 더 쥬얼리를 검색한다.

구글

  1. 구글을 킨다.

  2. 쥬얼리를 검색한다.

  3. 음성인식으로 한 번 더 쥬얼리를 검색한다.

페이스북

  1. 페이스북을 킨다.

  2. 쥬얼리를 검색한다.

  3. 쥬얼리 추천을 검색한다. 뜬 게시글에 좋아요 누른다.

1. 인스타그램을 킨다.

2. 쥬얼리를 검색한다.

3. 쥬얼리 브랜드 계정을 팔로잉한다.

4. 쥬얼리 해시태그를 검색한다.

유튜브

1. 유튜브를 킨다.

2. 쥬얼리를 검색한다.

3. 쥬얼리 추천을 검색한다.

4. 음성인식으로 한 번 더 쥬얼리를 검색한다.

페이스북과 인스타그램을 새로고침한다. 그러면 서서히 바뀌는 당신의 피드를 볼 수 있다. 무의미하게 뜨던 조회수 몇 십 만회의 게임광고는 사라지고 갑자기 쥬얼리 광고가 뜨기 시작한다. 더군다나 내가 쥬얼리라는 키워드를 검색하자마자 내 뉴스피드에 뜨기 시작한 광고다? 그 업체는 이미 "쥬얼리"라는 키워드를 선점한 업체라는 뜻이다. 즉, 현역에서 지금 광고를 진행하고 있는 업체라는 뜻이다. 잘하는 곳일 수도 있고 못하는 곳일 수도 있다.

어쨌든 우리에게 좋은 예시 광고를 발견했으니 업체의 광고를 유심히 본다. 그 업체의 페이스북·인스타그램·공식 홈페이지·네이버 뷰탭(과거 블로그) 등 유심히 보며 이 업체가 자신들의 쥬얼리 제품을 어떻게 판매하고 있는지 본다.

당신의 것으로 만들고 착실히 카피하며, 해당 업체와는 다른 당신의 제품의 특장점을 살려 빌드업해 나간다. 이게 바로 구글, 페이스북, 유튜브, 인스타그램 등 대형 플랫폼들이 오랜 세월 쌓아 올린 빅데이터를 연산해 알고리즘을 만드는 메커니즘을 역이용하는 방법이다. 내가 하는 법을 모르겠다면, 이미 잘 하는 사람들이 어떻게 하고 있는지 알면 된다. 여기서 더 나아가서 온라인 디지털 환경과 연결되는 시장에서 성공하기 위해서는 알려진 마케팅 이론과 방법에만 의존하지 말고 시대의 흐름과 플랫폼의 현황을 늘 주시하라. 당신이 실력에 자신 있다면 제품과 콘텐츠에 당신의 정신을 담아 기회를 제공해 주는 플랫폼의 원리를 파악하여 이를 활용하여 압도적인 결과를 보여라. 누군가의 말 한마디로 포기하고 매사에 의사결정을 하지 말고 당신의 직관을 믿고 빠르게 행동하라. 위대한 기업가, 각 분야에 성공하는 사람들은 위기의 순간에 놀랍도록 현명한 결정을 내렸지만 당시에 아무도 몰라주거나 비판과 비난을 받는 일도 발생한다. 그리고 먼 훗날에 그 선택에 대해 재평가를 받곤한다. 항상 깨어있는 상태로 의사결정을 하며 그 과정에서 실패를 거듭하여 최정상에 오르기까지 멈추지말라.

부자의 독서법

책 읽으면 지능이 높아지고 부자가 된다는 말이 있다. 이 말은 사실이다. 거짓말이 아니다. 단, 어떻게 책을 읽느냐에 따라서 나오는 결과물이 달라진다. 많은 이들이 책을 읽을 때 무거운 마음을 가지고 책을 펼치기 시작한다.

"이 두꺼운 책을 언제 다 읽나…"

시작부터 자기 자신에게 무거운 숙제를 과중함으로써 책을 읽을 의지를 꺾는 것이다. 망할 것이라고 생각하고 시작한 사업이 성공할 수 있겠는가? 무거운 마음으로 시작한 독서는 마음에 아무 영향도 주지 못한다. 이미 마음에 무거운 마음으로 공간을 가득 채워 놨는데 비집고 들어올 틈 따위는 없는 것이다. 독서를 시작할 때의 마음가짐부터 다르게 해라. "완벽하게 읽는다."가 아니라, "읽다가 재미없으면 언제든 그만둔다."라는 마인드로. 가볍게 시작할수록 마음에는 공간이 생기고 오히려 책을 접하기 쉬워진다. 책을 읽으면 지능도 높아지고 똑똑해진다는 이야기는 오히려 우리가 책을 대하는 것에 있어서 너무 어려운 태도를 취하게 만들었다. 거기부터가 문제의 시작이다. 오히려 완벽히 반대의 자세를 취해야 하는 것이다. 할 수 있는 한 가벼운 마음으로 다가가는 것이다.

이러한 접근 방식은 실패를 예상하면서 사업을 시작하는 것과 비슷하다. 처음의 마음가짐이 전체 여정의 분위기를 결정한다. 여기에 부자들이 사용하는 비결이 있다. 그들은 가벼운 마음으로 독서를 시작한다. 인간의 뇌를 창고라고 생각하자. 독서를 시작할 때 마음이 무거울수록

이 방은 더 어수선해져서 새로운 정보가 들어갈 공간이 거의 남지 않는다. 독서가 어렵다는 인식, 그 당신의 시나리오를 뒤집어보자. "재미가 없으면 언제든 멈출 수 있다"라는

생각을 하자. 가볍게 하면 부담을 덜 느끼기에 몰입할 환경이 조성된다. 뇌의 공간을 확보하여 책에 더 쉽게 몰입할 수 있는 것이다. 마음을 가볍게 하고 비워냈는가? 그럼 당신은 책을 읽을 준비가 됐다.

왜 책을 읽으면 똑똑해지고 지능이 높아진다는 것일까? 인간은 결국 데이터베이스에 의존해 움직이는 존재다. 어떤 행동을 하고 결과를 도출하고 그 결과를 바탕으로 다음 행동이 생긴다. 실패 한다면 그 실패에서 배우고 다음에는 실패하지 않을 수 있도록 뇌에 입력된다. 그렇기에 경험이 중요한 것이다. 하지만 삶은 짧다. 하루는 더욱 짧다. 모든 것을 경험하기에는 시간이 없다. 그런데 책은 평생의 지혜나 수천 년의 역사를 담고 있는 간접 경험의 저장소다.　실제로 뇌는 직접 경험과 간접 경험을 크게 구분짓지 못한다고 한다. 예를 들어, 고집이 강하고 수용성이 아예 없는 탓에 실패한 사람의 이야기를 읽으면 뇌는 그 경험을 자신의 경험인 것처럼 등록하고 다른 사람의 의견을 받아들이는 능력이 자동으로 향상된다. 인간 개인이 경험할 수 없는 경험을 책을 통해서 간접 경험을 할 수 있게 된다. 실패해봤어야만 알았을 위험한 요소들이나 올바르지 못한 선택들을 책을 통해

간접 경험하게 되고 마치 내가 경험했던 것처럼 뇌에 입력되는 것이다. 뇌가 강하게 인식한 것을 직접경험으로 착각하는 것을 역이용한다고 생각하자.

부자들은 책을 통해 반면교사와 성공의 원리를 배우고, 문제 해결에 필요한 힘을 얻는다. 기존의 경험과 지식, 현 상황을 타개할 파훼법에 대한 영감을 얻는다. 알아서 뇌가 자동으로 반응하여 올바른 선택을 하게 되는 것이다. 새로운 경험과 생각하지 못한 관점을 얻는다. 부자들의 서재는 부를 축적하는 공간이라 말할 수 있다.

워런 버핏은 독서의 중요성에 대해 "당신의 인생을 가장 짧은 시간에 가장 위대하게 바꿔줄 방법은 무엇인가? 만약 당신이 독서보다 더 좋은 방법을 알고 있다면 그 방법을 따르기 바란다. 그러나 인류가 현재까지 발견한 방법 가운데서만 찾는다면 당신은 결코 독서보다 더 좋은 방법을 찾을 수 없을 것이다." 쉽게 말해 독서보다 더 좋은 방법을 찾기는 어렵다. 뇌과학자의 설명에 의하면 뇌는 1280억개의 신경세포로 구성되어 있다. 밤낮없이 서로 통신하며 네트워크처럼 연결되어있다. 그리고 책을 펼쳐 읽기 시작하는 순간 글의 맥락을 파악하기 위해 뇌가 일하기 시작한다. 그렇기에 독서는 단순히 정보를 습득하는 것뿐만 아니라 새로운 데이터를 기존 지식과 결합하고, 비교하고, 추론한다. 이 과정을 수없이 반복하며 이전에는 생각하지 못한 번뜩이는 아이디어를 떠오르게 한다. 고로 이 행위를 반복하면 두뇌의 기능을 최고 수준으로 유지하는 것이 가능하다.

서두에서 말한 것처럼 만약 무거운 마음으로 책을 읽는다면 몰입할 수 없고 내 마음에 책의 내용이 들어올 일도 없으며 감명 깊게 읽음으로써 직접 경험한 것처럼 느끼기도 힘들 것이다. 그렇기에 우선 당신의 마음을 있는 힘껏 가볍게 하고 책을 읽으라고 이야기한 것이다. 탁월한 이들은 자신이 인간으로 태어나 모든 걸 경험할 수 없음을 미리 감안하고, 경험할 수 없었을 것들을 이미 경험한 이들을 통해 배운다. 역사 속에 그리고 나보다 먼저 살다 간 이들의 경험 속에 답이 이미 있음을 알고 받아들인다. 책을 읽는다는 것은 그저 꾸역꾸역 활자를 머릿속에 집어넣는 것이 아니라 내가 경험하듯이 몰입한다. 그래야만 내 경험이 되니까. 내 운명의 선택을 결정짓는 데이터 베이스의 일부가 되니까.

팔로워 늘면 돈을 벌 수 있다는 착각

나도 팔로워가 늘면 돈을 벌 수 있을까? 편의점에서 일했던 내게는 꿈같은 말이었다. 그냥 맛집에 가서 맛있게 먹기만 해도 돈을 버는 인플루언서 그저 부러워하며 살았다. 스스로 그런 삶을 살게 될 줄 전혀 모르고 말이다. 인스타그램뿐만 아니라 무자본으로 창업한다는 개념이나 소셜미디어로 돈을 번다는 개념이 아직 와닿지 않고 생소한 사람도 있을 것이다. 하지만 실상은 팔로워를 많이 만들고도 소득을 못 만드는 경우도 많다. 팔로워를 늘리는 방법이나 강의는 많지만, 수익화로 연결화가 되는 경우는 드물기 때문이다. 정말 다행이다. 여러분이 읽고 있는 책은 수익화까지도 연결 가능한 솔루션을 제시한다.

핵심은 수익화시키는 전략을 모르면 팔로워가 늘어도 소용없다. 질문 하나만 하겠다. 여러분들은 인스타를 왜 시작했는가? 2022년 어느 채용기관에서는 SNS를 시작하는 이유를 중복투표로 조사한 바에 의하면 63.2%가 사람들과의 소통, 60.7%가 정보와 트렌드 파악, 46.9%가 이유 없이 심심해서, 38.6%가 일상소식을 공유하기 위해서다. 수익활동 목적은 얼마나 될까? 6%다. 스무 명 중 한 명 만이 수익용도로 활용한 것이다. 그럼 이 중에서 단순한 상업용 회사계정이 아닌 자신만의 채널로 수익화를 만드는 사람, 즉 수익화에 성공한 인플루언서는 얼마나 될까?

내 지인 중에는 팔로워가 제법되는 인플루언서분도 있지만 안타깝게도 상당수는 수익화를 못했다. 못했다는 표현보다는 어떻게 주체적으로 수익을 늘려가야할지 모르는 경우가 많다. 특히 상당수의 1인 기업가나 콘텐츠 크리에이터, 즉 인플루언서들은 제안 들어오면 광고를 진행하는 사례가 대다수이기 때문이다. 내가 출판 경영할 때 마케팅 팀장님에게 외주 섭외 관련하여 보고를 전달 받을 때, 외주 비용을 측

정해서 전달해달라는 내용을 전달 받기 때문이다.

　나 또한 그랬기 때문에 잘 알고 있다. 혼자 개인 사업만 차리고 움직였을 때 '나의 가치를 어떻게 돈으로 바꿀 것인가' 이 질문을 항상 자신에게 해왔고 정량적인 지표로 나의 콘텐츠와 상품이 어떻게 돈으로 바뀌는지 분석하는 과정을 거듭해왔다. 꾸준히 시간을 공들이는 것과 생각보다 해야 할 일은 많지만 그럼에도 '나'라는 캐릭터를 돈으로 바꾸는 개념은 생각보다 간단하다.

인간미 있는 나의 매력이
돈이 되는 세상

　당신의 매력을 찾아라. 수익화의 핵심은 순서다. 여러분들은 당장 돈 벌 수 있다. 다만 순서를 잘 지켜야 한다. 순서를 안 지키고 성급하게 행동하면 채널이 망가지고 방향이 산으로 가기 때문이다. 수익화를 위해 가장 먼저 할 일은, 내가 어떤 인플루언서인지 파악하는 것이다. 나의 매력은 무엇인지를 파악해야 한다. 콘텐츠 크리에이터, 인플루언서는 나의 구독자와 인스타 유저에게 나를 보여주는 직업이다. 빙그레나 스타벅스 같은 기업은 물론 전세계, 국내 기업은 모두 가지각색의 색깔과 컨셉을 살려서 대중과 소통한다. 이와 상반되는 업계도 있다. 그건 명품 업계다. 이탈리아의 하이엔

드 브랜드인 보테가 베네타는 250만 팔로워를 보유하고 있다. 하지만 어느날 계정이 비활성화가 됐는데 그 이유는 소위 말하는 '일진 패션'이라는 10대의 문화가 명품 이미지에 타격을 줄 것이라는 판단에 일시중단을 한 것이라는 추측이 있다. 소셜미디어의 특성상 단기적인 트렌드와 유행을 조장하는 경향이 있다. 때문에 명품 브랜드는 좋은 품질과 클래식하고 고전적인 스타일, 이를 넘어서 시대를 초월하는 스타일을 표현하기 위해 노력하는 것이다. 이는 오랫동안 가치를 소비해준 고객과의 관계에 대한 집중 전략이자 대중 시장 브랜드와의 차별화를 두기 위함이 아닐까 싶다. 이처럼 소셜미디어 플랫폼이 주는 부정적 영향까지 고려하여 기업 경영 전략을 구성한다. 때문에 개인의 수익화 전략 역시 절대적인 획일화 된 진리와 같은 절대적인 하나의 해답은 없다. 개인의 개성, 재능, 잠재적 가치, 시장 상황, 정서 상태, 재정 복합적인 상황이 복잡하게 얽히고 있기 때문이다.

다시 돌아와서 이야기하자면 나의 매력이 곧 내 채널의 구매력과 연결된다. 또 여러분이 염두에 두어야 할 것은 내 채널의 팬이 과연 '나'의 팬인지를 알아야 한다. 나를 찾아주는 이들이 나의 콘텐츠에 호감이 있는지, 나라는 사람 그 자체의 매력에 끌리는지 파악해야 한다.

그럼 크리에이터, 인플루언서의 제품이 다른 제품보다 메리트가 있는 이유는 무엇일까? 바로 '내가 좋아하는 인플루언서가 소개하는 제품'이라는 것이다. 그럼 이렇게 생각하는 할 것이다. '나는 특별히 매력이 없는데..' 빨리 찾았냐, 아직 못찾았냐의 차이일 뿐. 무색무취 마저도 매력이 되는 게 지금 세상이다. "저는 가발쓰는 남자입니다."라는 제목의 영상을 봤다. 근데 알고 봤더니 채널의 주인은 '독거노총각'이라는 크리에이터다. 그의 채널 소개 글에는 1인 가구가 늘어가는데 40대 노총각 중년의 인생을 다룬다는 소개글이 있다. 그의 영상 댓글을 보면 응원 글이 많다. 1인 가구로 지내는 남성, 30-40대의 동질감을 느끼는 남성들이 메인 구독자이지 않을까 생각한다.

기가 막히게 웃기고, 말을 잘하는 것도 매력이지만 다른 종류의 매력도 있다. 그 다른 종류는 바로 여러분 그 자체라는 사실이다. 연세대 대학원 천문우주학 박사, 책 『궤도의 과학 허세』 출간한 83만 유튜브 채널 〈안될과학〉 멤버인 궤도는 다음과 같이 말했다.

"결국 우리가 하는 모든 일은 인공지능이 다 할 수 있습니다. 거기까지 가면 얼마나 재밌게 잘 노는가. 그게 중요해질 것입니다. 왜냐하면 인공지능은 놀지 않습니다. 노는 것은 인간의 특권입니다. 제가 생각하는 궁극적인 아주 행복한 미래는 웬만한 건 대체되어서 우리 없이 산업들이 돌아가는 겁니다. 그럼 우리는 오직 인간이기 때문에 기본권이 굉장히 높아집니다. 근데 이것은 굉장히 긍정적인 형태고 몇몇 욕심 많은 사람이 독점하기 시작하면 아마 인공지능이나 로봇보다 더 안 좋은 처우를 받는 사람도 생길 수도 있을 것 같다는 생각이 듭니다."

나는 2020년에 인스타그램 온라인 강의 촬영을 했을 때부터 채널 팔로워를 늘리고 또 수익화하여 자신의 월수입이나 연봉을 극대화하는 것에 대해 출판업과 작가 일을 병행하면서 항상 고민해왔다. 그때부터 수강생의 성장과정을 들으며, 또 내가 교육을 진행하면서 인간의 개성을 어떻게 자본주의 사회에 맞서는 돈 버는 무기를 만들 수 있을까 궁구했다. 간단하게 말하자면 '나를 다듬으면 얼마든지 매력이 될 수 있다.'라고 말하고 싶다. 그렇다면 구체적으로 '나'를 '다듬는다'라는 것은 무슨 말인가. 앞서 궤도 박사의 말을 인용한 것을 자세히 보라. 인공지능에 대한 이야기가 나오지만 이는 오픈AIOpenAI만을 이야기하는 것이 아니다. 알게 모르게 우리 일상 속에 익숙했던 것들은 교체 되어가고 있다. 하지만 그의 말처럼 인간이 '노는 것'은 교체되기 어렵다. 술 마시고, 게임 하는 것을 노는 것이라고 말하는 게 아니다. 라고 말하는 것도 아니다. 말장난 하는 게 아니라 인간은 3차원 세상에서 살고 있다. 크리에이터 독거노총각의 사례처럼, 그 외에 무수히 많은 카테고리의 콘텐츠 (사진, 글, 영상)이 존재한다. 그것이 끊이지 않는 이유는 3차원의 유한한 세상에서 보여지는 포괄적으로는 모든 것들이 콘텐츠가 되기 때문이다. 그렇기에 당신이 술을 마시는 모습도 돈이 되고 친구랑 왁자지껄 하는 모습을 찍어서 올려도 영상 조회수는 나온다.

내 모습을 편집해서
업로드만 해도 보이는 변화

'나'를 '다듬어라'라는 말은 자신을 입체적으로 바라보면 이해하게 된다. 마치 제3자 관찰자의 눈으로 자신을 바라봐라. 어떤 모습이 보이는가. 얼굴은 어떻게 생겼고, 사는 곳은 어디고, 무엇을 하고 있고, 직업은 무엇이며, 무슨 생각을 하고 있는가. 주로 산책가는 곳은 어디며 좋아하는 음식은 무엇인가. 습관처럼 반복하고 있는 일상 속의 행동 패턴을 면밀히 바라봐라. 그것을 모두 글로 정리해보라. 그럼 단서가 나올 것이다. 유명 유튜브 채널 〈과나gwana〉에서 "그거 아세요?"라는 영상이 2020년에 업로드 됐다. 그 영상은 구독자가 알고 있는 쓸데없는 정보, 다른 사람이 들었을 때 아무 쓸모 없는 것으로 구성되어있다. 구독자가 남겨준 댓글 문장을 바탕으로 가사를 완성해서 노래를 부른다. "내 얼굴에 점 12개 있다", "제가 또 계란을 기가막히게 삶습니다."와 같은 내용들이다. 독자 여러분이 보기에도 정말 아무 의미가 없는 내용이지 않은가? 하지만 놀랍게도 이런 것들이 모여서 조회수 700만이 넘었다. 이미 유명세가 있으니까 가능한 것도 맞지만 원래 아이디어와 콘텐츠가 다수에게 노출되는 건 이런 사소한 것이 모여서 완성되어가는 것이다. 그러니 '왜 나는 매력이 없지'라는 닫힌 질문을 하지 말고 '나의 매력은 무엇일까'라는 열린 질문으로 첫걸음을 떼보기 바란다. 이미 당신은 정답을 가지고 있다. 단지 뇌에서 인지하여 응용을 못했을 뿐이다.

나의 매력을 찾았다면 이젠 그 매력을 돈으로 바꾸자. 내가 가진 매력을 나누어 주거나, 매력을 소비하도록 해주면 된다. 혹은 매력이 가진 신뢰감을 제공하면 된다. 물론 이 모든 것이 수익화가 되려면 차별화된 경쟁력이 더해져야 한다. 신뢰, 소비, 나눔을 키워드로 구체적인 사례로 예시를 들겠다. 가장 흔한 콘텐츠도 수익화할 수 있을까? 난 할 수 있다고 앞에 글에서 당신을 눈길을 붙잡아 글로 설득했다. 24살의 대학생 여성이 주말마다 연애하는 남자친구와 함께 '인스타 감성'이라 불리기 딱 좋은 여행지나 카페를 다니고 관련된 사진을 꾸준히 올렸다면 어떻게 수익화를 시킬까? 처음에 시작할 때는 주변 사람 기준으로 두고 해도 좋다. 그들보다 당신은 이미 전문가일 것이다. 주변에서 연애하는 지인은 당신에게 이곳이 어디냐고 물어볼 것이다. 아니면 인스타그램 메시지나 게시물의 댓글에 "여기 너무 예뻐요! 어디에요?"라는 질문도 받을 수 있겠다. 그럼 이제 해야 할 일은 내가 해왔던 습관을 빌드업 할 차례다.

좀 더 특색있는 여행지와 카페 정보를 파악하고, 최대한 맛있게 체험하며 자세히 정보를 전달하여 팔로워들이 헛걸음하지 않도록 노력한다. 그럼 1차적으로 팬은 신뢰감을 갖고, 특색있는 여행지와 카페는 당신과 파트너가 되고 싶어 할 것이다. 만약 유행하는 분위기 좋은 카페에 방문 한다면 당신보다 팔로워가 많은 인플루언서는 이미 자주 협찬 받고 광고를 찍었기 때문에 그저 광고주의 가이드 라인만 준수해서 게시물을 작성할 수 있다. 당신은 그 게시글과 사진을 보고 당신이 개선할 수 있는 부분을 찾으면 된다. 성의 있는 진행 방식은 오히려 사람들이 고마워한다. 앞으로 대체되기 어려운 건 내가 이 세상에서 살면서 직접 겪은 경험 그 자체가 될 테니까. 그 경험을 어떻게 보여주느냐에 따라 콘텐츠의 반응도는 천차만별이 된다.

시간이 지나 광고를 받는다면 형편 없는 상품은 거절하는 게 좋다. 가장 중요한 것은 당연히 신뢰다. 음식이 맛이 없고 평범하다면 광고를 거절하자. 카페 탐방에 익숙해지고 당신만의 팬덤이 생기기 시작한다면 이후에는 특색있는 곳과 콜라보하여 수제 마카롱을 팔 수도 있다. 당신의 콘텐츠를 좋아하는 팔로워들은 당신이 맛있어하는 제품에도 눈이 갈 것이다. 그렇게 되면 팬들은 파트너 업체와 당신이 고심하여 내놓은 콘텐츠와 제품을 '소비'하게 되는 것이다.

이때 중요한 것은 최대한 인플루언서가 진정성 있게 제품에 개입하는 것이다. 제품이나 콘텐츠가 좋아도 팔로워들 입맛에 맞지 않으면 의미 없다. 팔로워들이 실망하지 않도록, 본인이 팬들과 소통하며 느낀 부분을 녹여야한다. 충분히 성공한 뒤에는 당신이 가진 매력을 나누어줄 수도 있다. 여행지와 카페를 선정하는 법, 분석하여 팔로워의 마음을 사는 법. 심지어 카페 인플루언서가 되는 법을 알려줄 수도 있다. 말 그대로 나눔이다. 당신이 과소평가 했던 건 어쩌면 자신의 고정관념 때문일 수 있다. 이것을 깨는 순간 나의 오리지널리티가 발현된다. 이제 당신도 매력을 나누는 온라인의 리더가 되는 것이다.

팔로워와 구매자는 다르다

단순히 인플루언서가 좋아서 구매하는 경우도 있지만 더 많은 경우는 실제로 그 물건이 필요한 구매자가 사는 경우다. 혹은 잠재적으로 그 물건을 필요로 할만한 사람들이다. 물론 인플루언서의 매력이나 신뢰가 뒷받침되지 않으면 물건이 필요해도 소비로 연결되지 않는다. 여기서 큰 문제는 필요로 하지 않는 사람들에게 억지로 뭔가를 팔기는 쉽지 않다. 단순히 팔로워를 늘리는 것이 중요한 것이 아니라 내 아이템을 소비해줄 구독자를 모아야 한다. 이를 위해 채널 콘텐츠와 컨셉을 조율해야 한다. 그렇기에 나는 오리지널리티를 꾸준히 강조해왔다. 예를 들어 나는 2017년부터 위로가 담긴 감성을 울리는 글 콘텐츠를 올리기 시작했고, 많은 팔로워들이 이를 좋아해주었다. 좋아요가 2000개나 됐다. 이것을 책을 내면서 수익 창출로 연결 했고 구매전환이 일어나는 것을 보고 자기계발과 동기부여 성향의 글을 작성하여 카드뉴스로 발행했다. 전달 방식이 다를 뿐 온라인 속에서 동기부여 해주는 연설가가 된 셈이다.

여기서 나는 발전을 이루며 콘텐츠의 질이 상승 되니 도서 구매력이 있는 계층과 판매하는 강의도 소비 될 수 있는 기회를 자연스레 콘텐츠를 통해 하나씩 증명한 셈이다. 아쉽게도 10대 팔로워들이 떠나갔지만 시간이 지나 지금 난 출판사 사장이 됐다. 어린 친구들을 놓친 것이 마음에 걸려 아예 어린 친구들을 타겟팅 한 채널도 따로 만들었고 10대가 좋아할 법한 콘텐츠를 제작하여 새로운 채널을 키웠다. 여기서 또 새로운 인사이트를 얻는다. 나의 10대는 이미 지났기에 실제 반응을 보기 위해서는 그들의 관심사를 조사하고 그 눈높이에 맞는 콘텐츠를 면밀히 검토하며 만들어야만 했다. 광고도 좀 더 어린 계층에 맞는 콘텐츠와 제품으로 바꾸었다. 이제는 이 채널도 상당히 성장해서 담당자가 관리 중에 있다.

팔로워를 늘리는 것보다 중요한 것은 구매자를 늘리는 것이다. 여기서 더 중요한 건 기존의 팬층을 유지하기 위해 소통은 물론, 과감하게 방향을 틀어보는 것이다. 콘텐츠의 개발도 게을리 하지말아야 한다. 크리에이터는 개인 혁명가다. 매번 했던 것만 반복하고 타성에 젖어있으면 그때부터 도태되는 것이다. 고故 이건희 회장은 삼성 경영 당시에 매번 위기에 대해 강조해왔다. 매일 같은 옷을 입고 있으니 변화를 느끼지 못하고 있냐며 말이다. 미래에 대한 대비는 생존과 관련되어 있다. 만약 내가 고객을 잃으면 그때는 매달 벌었던 수익은 점점 떨어지고 불안감은 몰려온다.

자신의 채널이 지나치게 상품 구매와 상관없는 콘텐츠로 구성되어 있다고 판단이 된다면 채널이 어느 정도 성장한 뒤에는 채널 방향을 조절하고 콘텐츠 타겟 대상도 구매자에 초점을 맞추자. 광고가 없는 순수 콘텐츠를 나는 오가닉organic이라 지칭한다. 이는 내부 직원과 소통할 때도 언어를 통일하며 활용하고 있다. 유기농의, 화학 비료를 쓰지 않는 라는 의미인데

순수 대중 콘텐츠를 뜻하며, 광고성을 띄우지 않는다. 구매전환을 위한 콘텐츠는 광고콘텐츠로 분류한다. 충분히

당신의 상품에 대한 수요가 있고, 팬이 서비스 런칭을 바라고 있다면 그때부터는 바로 시작하면 된다. 여기서 중요한 건 바로 시도하는 것이다. 첫 상품을 준비하고 있다면 미리 팔아서 테스트를 해보며 그 후기를 받아보라. 그 과정에서 실제 시장의 반응에 대해 알게되고 팬의 솔직한 피드백도 듣게 될 것이다. 이를 두려워하는 나머지 시작조차 하지 않고 시간만 보내고 있다면 그것보다 바보 같은 행동은 없다. 진정성 있게 좋은 상품이라 스스로 자부한다면 팔아보며 현실적인 반응을 보자. 이 과정을 반복하는 사람이 돈 버는 감각을 얻는다.

팬심이 없는 팔로워 10만 명보다 팬심이 강한 팬 구독자 1만 명이 훨씬 도움 된다. 당연한 사실이다. 팬의 반응을 일으킬 수 있는 참여이벤트를 기획하거나, 커뮤니티를 활용하여 팔로워들의 의견을 수렴하고 콘텐츠에 반영한다면, 팔로워들은 소속감과 친밀도를 느끼고 열성적인 팬으로 전환된다. 일반 팔로워 숫자가 조회 수를 보장한다면(그렇지 않은 채널도 있다), 팬 구독자의 숫자는 구매 매출을 보장한다. 이때 주의해야 할 건 채널에 업로드 할 콘텐츠를 오가닉과 광고를 잘 분배하는 것이 중요하다. 팬은 알고 있다. 당신이

이익만 찾고 있는지 혹은 진정성 있게 콘텐츠를 발행하며
베풀려고 노력하는지 말이다.

.

가격 인상할 때 주의해야 할 것

나도 콘텐츠를 구매전환으로 연결하는 방법을 깨달은 후 수익화를 성공시켰지만 처음에는 수익이 크지 않았다. 비즈니스 세계에 대한 이해도가 없었기 때문이다. 여기서 한 번의 깨달음이 더 필요했는데 그건 바로 가격 인상이다. 가격을 낮출수록 많이 팔리고 사업이 성공할까? 다른 사업도 마찬가지이지만, 콘텐츠 사업은 더더욱 그렇지 않다. 나의 노동과 실력, 매력과 신뢰를 바탕으로 진행하기에 가격을 적절히 받지 않는 것은 사업을 망치는 가장 빠른 길이다.

그렇다면 가격은 어떻게 매겨질까? 콘텐츠는 가격의 기준을 정하기 애매하다. 그래서 가격을 매길 때 가장 많이 쓰이는 방법은 시장조사이다. 타업체 단가와 비교하여 가격을 매기는 것이다. 프리랜서는 주로 크몽 사이트를 보고 단가표를 매긴다. 이미 상품을 판매하고 있는 홈페이지가 있는 사업자나 스마트스토어 등 보며 가격을 확인한다. 여기서 많이 하는 실수가 있는데 단가표를 조사해보고 평균 단가보다 단가를 낮추는 방식으로 경쟁력을 갖추려 한다.

처음에 시작할 때는 그게 맞을지 모른다. 하지만 그렇게 해서 일을 많이 물어온들 사업은 꼬일 수 밖에 없다. 콘텐츠는 별도의 원가가 없다. 그러다 보니 단가의 중요성을 체감하지 못한다. 클라이언트와 소통하는 시간, 콘텐츠를 기획하는데 들어가는 시간, 발주를 받고 처리하는 시간, 그리고 이것들을 처리하는 동안 내가 소비하는 생활비용과 세금까지 눈에 보이지 않는 인건비를 구체화하여 생각해야 한다. 들어가는 시간 외에 정신력도 생각해야 한다. 사람의 정신력에는 한계가 있기에 소통하면서, 기획을 하면서, 서류를 처리하며, 정신력이 소모되고 다른 업무를 보지 못한다. 무엇보다 콘텐츠의 퀄리티가 떨어지면 이것은 충성 팬은 알게 된다.

단가를 낮추어 일을 받다 보면, 일을 많이 받아야 하고 일의 퀄리티가 떨어지고 당연히 재구매율도 떨어진다. 더구나 정산하고 나면 남은 게 없어 사업을 유지하지 못하게 된다. 그럼 우리는 어떻게 해야 할까? 여기서 필요한 건 고객에 대한 공부다. 이는 비즈니스 세계를 이해돕는데 큰 도움이 된다. 먼저 그들의 욕망과 성공을 정의 내려라. 정리하면 클라이언트의 성공을 정의 내린 다음 충성 팬의 바라는 욕망이 반영된 콘텐츠를 만드는 것이다. 이 2가지가 일치하지 않으면 가격 인상하기는 어렵다. 예를 들어 내가 자극적인 콘텐츠만 올리는 사람인데 클라이언트에게 값비싼 광고비용을 요구해봐야 아무도 서비스를 이용하려 하지 않을 것이다. 대중적으로 콘텐츠를 만들었듯 고객을 위한 콘텐츠를 만드는 것이다. 이 영영까지 넘어가면 이제 당신의 콘텐츠는 곧 상품이 된다. 금전적 대가를 받게 되고 이 상품의 퀄리티가 높으면 높을수록 부르는 게 값이된다. 크리에이터, 인플루언서는 1인 기업이면서 동시에 프리랜서다. 따라서 박리다매보다는 정당한 가격을 받아야 한다. 정당한 가격을 받기 전에 철저히 고객 중심으로 생각하며 그들이 바라는 성공에 달성하기 위한 구체적인 방법을 구상해야 한다. 문제는 그렇게 되면 영업이 힘들어진다. 여기서 중요한 것이 바로 고객 타겟이다.

고객 타겟 설정을 하라

　　처음부터 정당한 값을 지불 할 고객을 찾아야 한다. 그
러기 위해선 콘텐츠의 방향도 바꾸어야한다. 값비싼 콘텐츠
를 구매해줄 고객이 많이 있을까? 이를 위해서는 경제구조
와 콘텐츠 시장 등, 먼저 사회현상을 살펴봐야 한다. 첨단산
업시대가 오면서 경제구조가 많이 변하고 있다. 점점 육체
노동과 단순사무직이 받는 연봉 즉, 기술이 없어도 벌 수 있
는 직종이 사라질 위기에 있다. 연봉이 오르는 속도가 물가
가 오르는 속도를 못 따라오고 육체노동은 외국인이 차지하
고, 사무직 취업은 점점 어려워지고 심지어 알바는 무인시
스템으로 바뀌고 있다. 시간이 지날수록 새로운 돈을 버는

전략을 구축해야 한다.

반대로 기술과 지식, 미디어를 기반으로 실력있는 프리랜서와 1인 창업자들이 늘어나고 있다. 이제 과거와 달리 큰 자본이 없어도 실력만으로 성공할 수 있는 시대가 왔다. 이는 곧 고가상품을 소비할 세대가 늘어났다는 것을 뜻한다. 그리고 이 세대는 대부분 미디어에 익숙한 첨단산업계통이다. 고가의 상품을 소비할 계층과 세대를 타겟으로 상품을 기획해야 한다. 쉽게 예를 들면 헬스장 시설등록 상품은 한 달 등록 3만 원으로 상품을 기획해도 되지만 인플루언서인 본인이 PT를 해주는 경우, 고가로 상품을 기획해야 한다. 고가의 제품을 구매할 만한 계층을 노리려면 상품의 콘셉트도 고급스러워야 한다. 마치 명품을 소비하는 고객의 심리처럼 맞춤형으로 분석도 하고, 식습관이나 데일리 관리는 기본이다. 여기서 함께 같이 바디프로필을 촬영하거나 인스타그램이나 유튜브에서는 배울 수 없었던 1:1 맞춤 노하우를 제공하자. 내가 접했던 콘텐츠만으로 동기부여는 충분하지만 아예 대면으로 알려주는 것은 내가 존경하는 사람에게 배우는 일이기에 마음가짐도 달라진다. 그러니 결과물도 달라질 수밖에 없다. 앞서 언급 됐던 고객에 대한 공부를 게을리 하지 않으며 그들의 문제를 같이 해결할 수 있는 멘토 역할을 한다. 이 과정을 반복하며 당신의 콘텐츠를 고급화시키는 것이 핵심이다. 콘텐츠 상품의 타겟을 처음부터 고가형 서비스 선호자로 잡으면 단골도 늘고 사업이 단단해진다. 사업을 늦게 시작하는 한이 있더라도 고품질을 선호하는 계층을 공략하는 상품을 준비해야 한다.

가격 인상의 기술, 가치를 더하라

나의 제품과 콘텐츠를 고품질로 바꾸려면 어떻게 해야 할까? 여러 가지 방법을 소개 하겠지만 핵심은 고객이다. 3가지 요소를 조화롭게 조율하자. 내가 보기에 좋은 것, 객관적으로 좋은 것, 고객이 느끼기에 좋은 것. 대부분의 사람들이 이 3가지를 조율하지 못해 프리랜서에서 정체 되어 사업에 실패한다. 가장 많이 하는 실수는 내가 보기에 좋은 것만 고집하다가

망하는 경우다. 디자인을 예시로 들면 내가 그리고 싶은 것, 시장에 통용되는 것, 나의 고객층이 원하는 것 3가지를 잘 조율해야 한다. 이 3요소 중 하나가 무너지면 어떤 일이

일어날까?

내 가치관에 맞는 좋은 콘텐츠를 만들지 않으면 흥미가 떨어지고 사업의 장기적 비전이 무너진다. 취업이나 전통 창업보다 콘텐츠 사업이 좋은 이유는 내 가치관에 맞는 일을 할 수 있다는 것이다. 콘텐츠 사업은 기획력이 핵심이기에 판매하는 콘텐츠가 내 가치관과 입맛에 맞지 않으면 퀄리티에 반영되고 정신적으로도 지속하기 어렵다. 즐겁게 일하는 경제자유를 꿈꾸며 시작한 콘텐츠 제작 활동이 스트레스로 변할 바에는 회사에 소속되어 남이 시키는대로 일하는 것이 더 나을 것이다. 또한, 사업이 확장한 후의 장기 비전도 생각해야 한다. 내가 계속 이 콘텐츠를 즐겁게 판매할 수 있을지 고민해야 합니다. 현실과 타협하기 위해 나를 너무 배제하면 결국 한계가 온다. 시장에 통용되는 것 역시 무시하면 안 된다. 지나치게 시장 콘텐츠만 카피하면 개성을 잃고 도리어 품질이 떨어진다. 그러나 나와 내 고객층이 항상 옳은 결정을 내릴거라는 보장이 없기에 시장을 무시하면 안된다. 양산품과 기성품이 통용되는 이유는 그것이 매력은 없지만 특별히 문제 될 것도 없기 때문이다.

제품과 콘텐츠를 기획할 때 항상 통계자료와 기성품을 조사하고 이를 베이스로 나의 매력과 고객층이 원하는 것을 조합하기 바란다. 나의 콘텐츠는 고객에게 파는 것이기에 가장 중요한 것은 '고객이 어떤 콘텐츠를 원하는가?'이다. 고객을 고려하지 않으면 애초에 제품과 콘텐츠가 팔리지 않는다. 특수한 경우, 3요소 중 고객만 고려하여 기획해야 할 수도 있다.

고객을 고려한 가격 인상 법이란?

어떻게 하면 가격 인상을 위해 고객을 고려한 콘텐츠를 제공할 수 있을까? 고객을 고려할 수 있는 가장 좋은 방법은 콘텐츠의 가치를 높이는 것이다. 가격에 가치를 더하는 것이다. 고객이 돈을 쓰는 경우를 크게 나누어 보면 생활 때문에 어쩔 수 없이 사용하는 소비와 가치실현을 위한 소비가 있다. 전자는 고객들이 효율을 따지며 최대한 소비를 아끼려 한다. 규모의 경제 원리와 박리다매 개념이 잘 통할 수밖에 없다. 그러나 후자의 가치실현의 소비는 다르다. 만약 내가 34만 팔로워를 보유한 인플루언서인데 인스타그램 컨설팅을 진행한다고 가정한다면 이는 곧 고부가 가치 상품에 해당 되기에 가치실현을 위한 소비에 주목해야 한다. 고객의 가치실현을 위한 콘텐츠로 만들기 위해 어떠한 요소들이 필요할까? 바로 오리지널리티, 팬에게 보상, 고가 기획, 검증된 효과, 소속감을 느끼게 하는 한정판 판매, 사회적 가치실현 6가지이다. 하나씩 살펴보자.

1. 오리지널리티

팬심은 콘텐츠 제작하는 인플루언서 비즈니스의 기본이다. 기업이라 할지라도 상업성이 심한 광고 전단지 같은 계정이 아니라 고객과 세계관이 연결되어있는 캐릭터가 있으면 그것으로 팬심은 생긴다. 쉽게 말해 마스코트를 갖는 일이다. 나의 오리지널리티가 있다는 것은 캐릭터가 있다는 말과 같다. 당신을 떠올릴 때 대체불가능한 존재라면 그건 이미 당신은 진짜라는 뜻이다. 팔로워는 당연히 인플루언서에 대한 팬심으로 구매 욕구를 느낀다. 그게 아니라면 게시물만 보려고 구독해놓은 것이다. 여기서 구매 욕구의 감정은 동경심과 결핍, 신뢰와 매력으로 결정난다. 중요한 것은 나의 매력과 색깔이 상품에 드러나야 한다는 것이다. 내가 올리는 오리지널 콘텐츠와 본연의 매력과 일치하는 아이템일 때 팬심은 배가 된다. 팬들에게 이 아이템은 단순히 돈을 벌기 위한 상품이 아니라 나의 매력이 녹여낸 아이템이라는 인상을 주어야 한다. 말로만 진정성 있다고 말할 게 아니라 실제로 고객이 서비스에 만족하는 후기를 눈에 보이는 결과물로 증명하면 판매 될 수밖에 없다. 이 과정에서 소통하는 시간도 가지자. 팬심을 가진 팬에게 최고의 선물은 소통이다.

2. 팬에게 보상

팬에게 가장 큰 보상은 무엇일까? 바로 채널의 성장과 질 높은 콘텐츠이다. 나는 언제나 상을 받거나 기쁜 일이 있으면, 팬분에게 감사 인사를 잊지 않는다. 이 당연한 사실을 잊고서 팬을 숫자로 생각하는 순간 콘텐츠의 질과 상품의 퀄리티에서 표시가 난다. 영향력은 강력한 전염성이 있다. 그 마음가짐에 따라서 전달되는 것이 다르고 부정적으로 변질되는 순간 팬은 떠난다. 단편적인 예시로 난 책 누적 판매 부수가 50만 권이 넘었는데 서점 사이트에 후기를 보면 긍정적인 후기가 90%가 넘는다. 내가 광고 하더라도 책의 퀄리티를 높이기 위해 애쓴다는 사실을 책 내용을 보면 알 수 있고, 콘텐츠 퀄리티 높이다보니 꾸준한 신규 팔로워분의 유입이 이어진다. 정말 감사하게도 "좋은 책 추천 해주서서 감사합니다"라는 댓글을 받게 된다. 서로에게 좋은 일이며 여기서 선순환 구조가 탄생한다.

3. 고가 기획

어떤 아이템이든지 그것을 고부가로 만들려면 정성 들인 기획이 필요하다. 분량이든 전문성이든 무언가 시간을 많이 들인 정성스러운 기획이 있어야 한다. 고가 상품의 핵심은 가격 책정이 불분명한 상품이라는 것이다. 구매자들에게 돈이 아깝지 않다는 인상을 주려면 눈에 보이는 원자재로 승부를 보기보다는 판단이 모호한 기획에 투자해야 한다. 가령 상품이 실물 제품인 경우, 더 중요해진다. 실용성 있는 제품인 경우, 기술을 더해 가격에 가치를 더한다.

고부가로 만들기 위한 명분을 만드는 것이다. 팬 성향 굿즈 경우도 실용적인 기술력은 힘들어도 디자인 본질은 강화할 수 있다. 상품 제작할 때 굿즈 업체에 맡기는 것이 아니라 자신이 개입하며 나의 정체성이 잘 반영 되었는지 세세하게 확인해봐야 한다. 알아서 잘해줄 것이라 믿지 말아라. 당신 말고도 이미 업체는 출시 예정인 상품은 많다. 직접 상품을 출시하여 파는 게 아니고 협업을 하는 경우라면 면밀하게 검토해야 한다. 자고로 마케팅이란 상품 출시 전 기획 단계부터 시작되는 법이다. 뿐만 아니라 만일 고가의 상품을 기획할 경우 비즈니스 파트너를 찾을 기회를 얻을 수 있다. 모든 협업은 결국 여유에서 시작된다. 다른 크리에이터, 1인 기업가, 인플루언서와 협업하려면 당연히 시간과 자본에 여유가 있어야 한다. 서로 비즈니스를 대하는 이해관계가 있는 상태로 만나거나 다른 업종, 카테고리라 할지라도 교류하는 자리가 될 수 있다. 그 유명한 워런 버핏은 젊을 때 발표를 하기 두려워서 데일 카네기의 대중 연설 훈련 강의를 배웠었다. 대중연설 공포가 있었고 사람들 앞에서 이름조차 말할 수 없었던 그를 수다쟁이로 만들어 자신이 들은 카네기의 강의를 통해 누구나 자신의 수입을 1.5배는 높일 수 있을 것이라 말했다. 여기서 생기는 파급력은 굳이 설명하지 않아도 될 것이다. 기획 단계부터 개입하며, 상품이 완성되고 출시된 이후에도 장인 정신으로 끊임없이 발전시키자. 당신이 상상조차 하지 못했던 놀라운 일이 눈 앞에 펼쳐질 것이다.

4. 검증된 효과

콘텐츠가 재능기부 또는 교육이나 컨설팅이라면 무엇보다 효과가 검증되어야 한다. 가장 추천하는 것은 처음에는 임상 고객을 받는 것이다. 효과가 입증되지 않았으니 처음에는 저가로 다수로 진행하며 당신이 개발한 상품의 퀄리티가 과연 고객에게도 적용될 수 있는 이론인지 확인할 수 있다. 이 과정을 몇 번이고 반복해서 포트폴리오가 누적되어야만 고부가 컨설팅을 납품할 수 있게 된다. 콘텐츠를 게시하여 대중이 반응하는 것과 상품을 출시하여 고객이 구매하는 것은 본질적으로 다르다. 그 이유는 간단하다. 돈이다.

나는 매력과 신뢰에 대해 강조했는데 최소한 둘 중 하나는 있으면 저가 상품의 판매까지 성공할 수 있을지도 모른다. 하지만 가격을 상승하여 그 금액 단위가 높아진다면 그때부터는 보다 더 많은 기대와 요구사항이 생기기 마련이다. 무료라면 불만을 표출할 이유가 없지만 내 금액 1만 원이라도 지출됐는데 만족되지 않으면 별점 1점을 주는 게 현실이다. 그것이 나의 팔로워, 팬이라고 예외는 없다. 임상 고객을 받고 반드시 성공시키는 훈련 해야한다. 이 성공 과정을 기록하고 또 후기로 증명하며 계속 가격 상승을 위한 시행착오를 반복해야 한다.

이 과정을 지난 뒤에 상품의 가격이 올라가며 가치가 높아지면 놀라운 변화를 기대할 수 있다. 난 고객 시너지라 표현하는데 가격이 바뀌면 고객이 바뀐다. 고객이 바뀌는 순간 여러분이 보는 시야가 달라진다. 여러분이 고가의 상품을 파는 것에 성공하는 순간 여러분과 고객의 시너지가 생기는 것이다. 고가의 상품을 구매할 정도의 고객은 최소한 두 가지를 갖추고 있다. 바로 고가의 상품을 소비할 재력과 마음이다. 고가의 광고를 맡기는 고객은 여러분과 공동 브랜드를 제안할 재력이 있을 것이다. 고가의 컨설팅을 들어주는 고객은 사회적으로 인지도가 있거나 여러분을 향한 애정이 강한 팬이다. 그렇기에 고객으로 시작했지만 좋은 비즈니스 파트너가 되어줄 수 있다.

5. 소속감을 느끼게 하는 한정판 판매

명품이 비싼 이유가 무엇일까? 누구나 살 수 있다면, 그것은 명품이 될 수 없다. 진입장벽이 있어야 한다. 물보다 완벽한 상품이 있을까? 우리 생활에서 꼭 필요한, 완벽한 상품이다. 하지만 우리는 일반적인 물을 몇백만 원에 사서 먹지 않는다. 왜 그럴까? 어디에나 있기 때문이다. 모든 아이템에 수량을 제한할 수는 없지만 한정판으로 프리미엄 아이템을 만들어서 수량에 제한을 두고, 희소성 있게 만들면 분명히 가격 인상에 도움 된다. 팬심은 당신뿐만 아니라 팬들끼리도 동질감과 소속감이 만들어준다. 내가 이 사람을 지지하는 그룹에 소속되었다는 소속감이 엄청난 자부심과 만족감을 준다. 팬들끼리 공통적인 공감대가 생기는 것만큼 팬심을 극대화하는 것이 없다. 정기적인 모임, 카카오톡 오픈채팅방을 통한 커뮤니티, 세미나 진행 할 때 단체 티와 같이 소속감을 줄 수 있는 콘텐츠와 아이템이 있다면 깊은 연대가 생기게 된다. 이것은 희소성을 띄우고 있기에 일반 팬이 충성 고객이 되는 과정 중 일부가 될 수 있다.

여기서 주의해야 할 것은 광고주와 협업하거나 공동구매(여러 명의 소비자들이 필요한 상품이나 서비스를 함께 구매하여 기존 가격보다 저렴하게 구입하는 소비 방식), 공구라 불리는 프로젝트를 진행할 경우 광고주와 소통하면 미팅을 하기 전 반드시 광고주에 대해 분석하는 시간을 가져라. 특히 인플루언서는 팔로워들에 대한 신뢰를 기반으로 수익을 내는 구조이다보니 당연히 아이템과 기업을 분석해보고 협업을 해야 한다. 어느 정도 규모가 있는 협업이라면 광고주의 제품과 콘텐츠를 반드시 사용해보길 권한다. 팔로워들이 실제로 사용할 아이템인데 체험해보지 않고 권하는 것은 무책임한 일이다. 광고주가 주는 리뷰 가이드를 참고해야 하겠지만 광고주의 입장에서 평가한 것을 그대로 믿을 수는 없다. 광고를 내 채널에 재밌게 녹이기 위해서는 직접 사용하며 느낀 아이템에 대한 통찰력이 담겨 있어야 한다. 이 과정을 게을리하며 인지조차 하지 않는다면 광고주의 신뢰도 잃고, 팬은 떠나가고, 나는 중요한 것을 놓친지도 모르는 상태로 활동하다 결국 치명적인 실패에 부딪히게 될 수 있다.

6. 사회적 가치실현

사회적 가치는 경제적 가치뿐만 아니라 사회·환경·문화 등 모든 영역에서 공공의 이익과 공동체 발전에 이바지할 수 있는 것을 의미한다. 누군가를 좋아하면서 악행을 하는 사람은 드물다. 적어도 공인을 좋아하는 팬들은 자신의 인플루언서에게 어느 정도 선한 영향력을 기대한다. 자극적인 인터넷 방송 BJ도 기부나 봉사 등 도덕적인 활동을 하는 이유는 팬들이 그것을 지지해주기 때문이다. 본인의 아이템에 사회적 가치를 더한다면 팬심과 구매전환은 배가 된다. 예를 들면 친환경 아이템이나 사회적 문제를 해결하거나 수익 일부를 좋은 일에 쓰는 것이다.

내가 경영을 맡고 있는 떠오름 출판사에서 출간된 프렌차이즈 '후라이드 참 잘하는 집'을 200억에 매각으로 유명한 90만 구독자의 유튜버 장사의 신은 떠오름 출판사에서 출간한 책『나는 장사의 신이다』의 인세를 전액 보육원에 기부하며 사회적 가치를 실현했다. 1억이 넘는 인세를 기부하며 팬과 함께 기부하는 것이라 그는 말했으니 팬의 지지는 더욱 강해지고 응원받을 수밖에 없다. 여기서 돈 주고 살 수 없는 신뢰가 생겨 다른 상품, 굿즈 출시 하더라도 긍정적 반응, 보다 더 더 높은 매출을 기대할 수 있게 된다. 여기서 장사의 신, 은현장 대표님의 책을 출간한 출판사로서 추가적으로 이야기 하자면 코로나 바이러스가 전세계를 강타했을 때 한국 자영업자들도 이 피해를 받을 수밖에 없었는데 그는 '유튜브판 골목식당'이라는 컨셉으로 전국에 있는 자영업 사장님을 만나며 1:1 솔루션을 주며 가게 홍보하고 그 이후에도 피드백을 지속적으로 남겨주었다. 전국 출판사에서 연락이 왔음에도 우리와 함께 출간 해주었다. 출간 제안 이메일 내용 중에 위기의 상황 속에서 난세의 영웅이 나타난다는 구절이 아직까지 기억나는데 은현장 대표는 과거에도 그렇고 지금도 그렇고 앞으로도 계속 사회적 가치를 실현하는 인물이라 믿는다.

　무자본 창업을 한국에서 대중화 해서 1인 기업가들에게 영감을 준 책『역행자』의 라이프해커 자청 역시 인세를 전부 기부하여 1년 만에 50만 부 판매를 기록했다. 그가 처음 등장했을 때는 일부는 '사기꾼'이라 말하며 비난했지만 10년이 넘도록 쌓아온 노하우 중 핵심 내용을 일반 대중과 고객에게 제공하며 그들의 무자본 창업 성공을 도와주었다. 그는 책이 출시되자 국내 1위를 달성하며 지금까지 사랑받는 스테디셀러 작가가 되었다. 처음부터 사회적 가치를 실현하기 위해 애쓸 필요 없다. 1조 자산가이자 〈돈의 속성〉 저자인 김승호 회장은 사회적 기업을 실현하는 것은 국가에 세금을 잘 내고, 단 한명의 직원이라도 고용해서 급여를 지급하고 있다면 이미 이룬 것이라 말했다. 돈을 받지 않고 시간을 들여서 활동하는 것이 아니라 그저 당신이 가치를 창출하여 그걸로 고객이 만족하고 그 수익으로 세금과 직원의 월급을 밀리지 않고 지급한다면 이미 사회적 가치를 실천하고 있는 것이다.

가격을 높인 뒤에 당신이 해야 할 일

가격을 올리고 비싼 값을 받는 것이 미안한가? 비싼 제품과 콘텐츠를 추천하는 것이 망설여지는가? 답은 간단하다. 고민하고 망설이며 미안해할 시간에 미안하지 않을 만큼 멋있게 광고를 성공시키자. 소셜 미디어 속의 변화는 실시간에 벌어진다. 내가 직접 제공하는 교육과 같은 서비스나 내가 만든 상품의 성공은 내가 알려준 내용대로 실행하다 보면 어쩌면 쉽게 될 수도 있다. 운이 따를 수도 있고 내가 벌어보지 못한 금액이기에 오히려 자만할 수도 있다. 플랫폼 콘텐츠 크리에이터 시장은 끊임없이 변한다. 그렇기에 다른 사업보다 전망이 밝고 성공의 문턱이 낮다. 그렇기에 당신이라고 못할 이유는 없다. 하지만 아무리 지금 수익 창출이 잘 되고 있어도 본인 채널의 콘텐츠 연구와 본인이 파는 콘텐츠, 제품, 광고에 대한 연구를 멈추면 안된다.

잘 되고 있으니, 여기에 집중하고 싶다고 생각할 수 있다. 물론 수익이 유지되어야 한다. 당연하다. 그러나 고가의 상품을 팔고 시간적 여유가 생겼으면 욕심을 조절해야 한다. 현재 아이템이 성장이 더뎌지더라도 새로운 아이템과 콘텐츠를 개발해야 한다. 고가의 상품으로 시간을 벌고서, 새로운 아이템을 제공하지 않는 것은 여러분의 구독자와 구매자들에게 예의가 아니다. 만약 고가의 상품이 아닌 단가 후려치기로 매출을 유지한다면 어떻게 될까? 그 날 그날 일을 쳐내기 바쁘고 더는 새로운 아이템과 콘텐츠를 개발하지 못하게 된다. 아이디어는 결국 여유에서 나온다. 숨을 돌리고 여유롭게 새로운 아이템을 찾고 미래를 그리는 시간을 확보하지 못하면 지속하기 어렵다. 극단적으로 표현하면 업계에서 조용히 물러서게 될 수 있는 것이다.

메인 플랫폼에서 채널 성장에 성공하고 안정적인 수익 창출에 성공했다면 부계정을 만들어라. 어느 소셜미디어가 되어도 한 가지 분야를 성공했으면 다른 플랫폼에 도전하며 채널을 키우는 것은 생각보다 쉽다. 내 팔로워라면 내가 다른 플랫폼에 가더라도 구독을 해줄 확률이 오르기 때문이다. 특히 유튜브에서 자신의 캐릭터가 매력과 신뢰가 있는 사람은 인스타그램 계정을 만들기만 해도 팬들이 팔로우 해준다. 내가 응원하고 지지하는 크리에이터의 일상이 궁금해서다. 그렇기에 조급하지 말고 여유를 가지기 위함이라 생각하자. 부계정과 신규 플랫폼은 본 계정의 도움을 받긴 하지만, 새로운 도전이다. 자본과 시간 여유가 없으면 절대로 도전할 수가 없다. 결국 미래를 향한 도전은 여유에서 나오기 때문이다.

에필로그

2022년 1월에 〈레디 플레이어 원〉이라는 영화를 재밌게 봤습니다. 저 같은 경우 어릴 적에 일본에서 살다 왔고 좋아하는 애니메이션이 많다 보니 유독 그 영화가 선물처럼 다가왔습니다. 특히 중간에 어릴 적에 좋아했던 건담이 등장했을 때의 그 희열감은 이루 말할 수 없었습니다. 오버워치 캐릭터, 해일로, 메가 고질라 등, 영화와 게임의 모든 걸 넘어선 곳에서 건네는 스티븐 스필버그의 21세기를 향한 문화 선물이었습니다.

저는 그 영화를 한 번 본 이후에 몇 번을 다시 돌려보았습니다. '감독이 어떤 의도로 이 영화를 만들었을까?'를 생각하며 스토리 라인에 집중하기보다 감독의 의도를 이미 알고 있는 상태에서 한 번 더 영화를 본다면 선물 상자를 열어보는 느낌을 받을 수 있습니다. 내가 좋아하는 장면을 충분히 그리고 여유롭게 감상할 수 있기 때문이지요. 물론 영화를 그대로 보는 맛도 있지만, 저는 이렇게 사전 지식을 갖고 영화를 보는 것도 좋아합니다.

저 역시도 그랬습니다. 과거의 제가 그랬던 것처럼, 여러분께서도 여러분의 평범함이 이 세상을 살아가는 데에 도움이 되길 바라고 있기에 이 책을 집어 들었다는 것을 저는 알고 있습니다. 마치 앞뒤 사정과 이야기의 흐름을 이미 알고 있는 영화를 다시 보는 기분이랄까요. 그렇게 더 나은 삶을 살고 싶은 마음, 자기를 계발하길 원하는 마음을 잘 알고 있기에 그 기대에 부응하고 싶었습니다. 독자님이 가지고 있는 재능과 통찰력에 플러스알파가 될 수 있는 책이 되길 바라며 마음을 다해 썼습니다. 오늘날의 제가 전달할 수 있는 모든 인사이트를 담았습니다. 용기뿐만 아니라 정말 할 수 있다는 믿음을 주고 싶었습니다. 제 이야기를 통해 단순히 설득력을 높이기 위함이 아닌 독자님의 과거를 돌아볼 수 있게 하고 싶었습니다.

 예컨대 마블 영화를 가만히 보면 한 영화 내에서 어떤 문제가 생기고 해결하는 방식으로 스토리가 진행되지만, 그와 함께 인물의 매력도 점점 바뀌어가는 걸 볼 수 있습니다. 토르를 예로 들어보겠습니다. 천둥의 신이었던 그가 천둥의 힘을 잃습니다. 오만하기 짝이 없던 그가 힘을 잃고 인간들과 뒤섞이며 사랑을 알게 되고, 싸우기보다 자신을 희생하려 하게 됩니다. 오만하던 그는 천둥신의 망치인 묠니르를 들지 못하게 됐지만, 누군가를 위해 희생을 마음먹은 순간 묠니르는 토르에게 돌아가게 됩니다. 힘을 잃었던 토르는 결국 디스트로이어를 쓰러뜨립니다. 어떻게 보면 정말 심플한 플롯일 뿐이지만, 토르가 힘으로 모든 것을 해결하려는 오만함에서 시작되어서 힘을 잃고 난 뒤에 자신을 희생하려고 할 때 힘을 찾게 되는 인물의 서사를 파악하며 영화를 보면, 그 인물에게 공감하며 내면의 성장에 감동하고 그것을 내 삶에도 적용할 수 있게 됩니다. 독자님이 이 책을 통해 제 이야기에 모두 공감해주실 필요는 없습니다. 단, 독자님이 해야 할 일은 자신의 과거를 떠올리며 현재로 회귀하는 일입니다. 저는 다만 독자님께서 앞으로 나아갈 청사진을 그릴 수 있도록 다양한 인사이트와 방법론을 제시하고 싶었습니다.

영화 〈노트북〉에서는 어떨까요. 노아와의 사랑을 뒤로한 채 새로 만난 사람과 약혼한 앨리는 옛 사랑인 노아를 잊지 못하고 다시 그를 찾아갑니다. 하지만 이내 언젠가는 약혼자에게 돌아가야 한다는 것을 알고 괴로워합니다. 노아는 그런 앨리에게 격앙된 목소리로 이렇게 말합니다.

"나 또는 네 약혼자, 네 부모님이 원하는 것 말고, 정말 네가 원하는 게 뭔데?"

이 말은 그저 사랑에 관한 로맨틱한 대사로만 읽힐 수도 있습니다. 하지만 가만히 보면 그 모든 것을 관통하는 하나의 메시지가 있습니다. 바로 '정말 자신이 원하는 삶을 사는 것'에 관한 성찰입니다. 그것을 어떻게 알 수 있을까요? 저는 감독이 그러한 깨달음을 은근히 의도하고 있다는 걸 알 수 있었습니다. 영화의 가장 중요한 클라이막스 부분에 그 대사를 넣어두었기 때문이었습니다. 영화의 모든 분위기가 절정으로 치달은 순간에서 그 대사를 보고, 들어보세요. 그리고 영화를 쭉 한 번 앞부터 돌려보세요. 감독이 말하고자 하는 것이 무엇인지, 그리고 이 영화를 보고 있는 내가 원하는 것은 무엇인지를 생각하면서 말이죠. 콘텐츠, 그리고 창작물은 창작자의 품을 떠나는 순간부터 그 판단의 권한이 대중에게 돌아간다는 말을 어느 작가님께서 하셨던 걸로 기억합니다. 그러니 선택과 판단은 모두 독자님의 몫이 되겠습니다. 역시나 정답은 정해져 있지 않습니다.

　여러분이 진심으로 원하는 삶의 모습을 찾고, 그 삶을 조금이라도 현실로 구현해내기 위해 애쓰시기를 바랍니다. 있으면 좋기야 좋겠지만, 천만 분의 일의 확률이나 꿈 또는 기적 같은 사건이 필요한 것도 아닙니다. 어차피 나의 지금, 나의 현실을 발전시키기 위해 필요한 것들은 지금 하는 활동, 그리고 지극히 현실적인 생각과 노력들이 될 테니까요. 그렇게 평범한 것들이 모여 평범하지만은 않은 성공을 이뤄가게 되실 테니까요. 저는 당신이 평범한 사람이라서 참 믿음직스럽습니다. 언젠가는 반드시 성공해내실 분들이기에 자랑스럽기까지 합니다.

저는 벌써 기대됩니다.

당신은 어떤 영화를 세상에 보여줄까요?